LEÇONS SUR LA THÉRAPEUTIQUE

DE

LA MÉTRITE

PAR

L. MARTINEAU

Médecin de l'Hôpital de Lourcine,
Vice-Président de la Société d'Hydrologie,
Membre de la Société Gynécologique et Obstétricale de Paris,
Membre correspondant de l'Académie Royale de Médecine de Rome, etc., etc.
Chevalier de la Légion d'honneur.

PARIS

ANCIENNE LIBRAIRIE GERMER BAILLIÈRE ET Cⁱᵉ

FÉLIX ALCAN, ÉDITEUR

108, BOULEVARD SAINT-GERMAIN, 108

1887

CLINIQUE GYNÉCOLOGIQUE ET SYPHILIGRAPHIQUE
de l'Hôpital de Lourcine.

LEÇONS

SUR LA

Thérapeutique de la Métrite

PAR LE

Docteur L. MARTINEAU

MÉDECIN DE L'HOPITAL DE LOURCINE
MEMBRE DE LA SOCIÉTÉ MÉDICALE DES HOPITAUX
MEMBRE CORRESPONDANT DE L'ACADÉMIE ROYALE DE MÉDECINE DE ROME
VICE-SECRÉTAIRE DE L'ASSOCIATION GÉNÉRALE DES MÉDECINS DE FRANCE, ETC., ETC.
MEMBRE DE LA SOCIÉTÉ DE THÉRAPEUTIQUE
CHEVALIER DE LA LÉGION D'HONNEUR

PARIS

IMPRIMERIE A. LANIER

14, RUE SÉGUIER, 14

—

1887

Leçons sur la Thérapeutique de la Métrite

PREMIÈRE ET DEUXIÈME LEÇONS

SOMMAIRE. — Définition de la métrite. — Lésions anatomiques. — A. *Métrite aiguë* : a. Lésions constantes : hyperémie, tuméfaction, desquamation de la muqueuse, hypertrophie folliculaire, leucorrhée, ecchymoses, augmentation du volume de l'utérus, adéno-lymphite. b. Lésions variables : oblitération des orifices utérins, érosions, exulcérations et ulcérations de la muqueuse.— B. *Métrite chronique* : a. Lésions constantes : épaississement, coloration ardoisée de la muqueuse, hypertrophie et hyperplasie folliculaire, leucorrhée, augmentation de la cavité utérine, sclérose du tissu utérin. b. Lésions variables : rétrécissement des orifices, hypertrophie folliculaire, kystes, polypes muqueux, dégénérescence kystique, fongosités, végétations utérines, granulations, acné du col, ulcérations, exfoliation de la muqueuse, métrite exfoliatrice, dysménorrhée pseudo-membraneuse, déviations utérines, abcès de l'utérus, adéno-phlegmon et adéno-pelvi-péritonite. Métrite traumatique. Etude microscopique des lésions de la métrite.

Messieurs,

Mon cours, cette année, aura pour objet l'étude thérapeutique de la métrite. A plusieurs reprises j'ai consacré mes leçons à ce sujet si intéressant à tant de titres. En me proposant de le traiter à nouveau, je viens vous initier à une pratique déjà longue et vous faire participer de l'expérience que me donne tous les jours une clinique aussi vaste que celle de l'hôpital de Lourcine. Mes observations journalières m'ont mis à même de redresser de nombreuses erreurs enseignées depuis des années sur la métrite, et d'instituer une thérapeutique qui, basée sur des données anatomiques précises, possède une réelle efficacité sur une affection longtemps regardée comme incurable.

Qu'est-ce que la métrite? Quelles en sont les lésions, les symptômes, les origines? Telles sont les diverses questions que je dois, tout d'abord, élucider.

Ce n'est qu'après avoir étudié attentivement les lésions, les modifications apportées aux différents tissus qui composent la structure de l'utérus (muqueuse, glande, tissu lamineux ou cellulaire, muscle, vaisseaux lymphatiques, artériels et veineux); ce n'est qu'après s'être enquis de la situation normale ou anormale qu'affecte l'utérus dans la cavité pelvienne; de l'état d'intégrité des tissus circonvoisins (tissu cellulaire péri-utérin, péritoine, ligaments qui le soutiennent ou le fixent dans le petit bassin); de l'état des organes annexes de l'utérus (trompes, ovaires) ou de ceux ayant des rapports immédiats ou médiats avec lui (vagin, vessie, rectum); ce n'est qu'après une étude de l'évolution aiguë, subaiguë, chronique des lésions, des signes et des symptômes, des phénomènes sympathiques; ce n'est, enfin, qu'après une étude minutieuse de l'origine de la métrite, de sa pathogénie, de ses causes que le médecin, appréciant la modalité clinique de l'affection utérine, peut instituer une thérapeutique de la métrite qui, loin d'être empirique, ainsi que nous le voyons trop souvent encore, donne les résultats les plus favorables puisqu'elle repose sur des données certaines et précises.

La métrite est l'inflammation de l'utérus. Ainsi que je l'ai dit dans mon *Traité clinique des affections de l'Utérus* (1), cette inflammation est l'origine pour ainsi dire constante, de toutes les lésions utérines (hypertrophie, ulcérations, granulations ou végétations intra-utérines, rétrécissement des orifices, exfoliation de la muqueuse), de presque tous les troubles morbides utérins (leucorrhée, hémorrhagie, aménorrhée, dysménorrhée, dysménorrhée pseudo-membraneuse).[Elle est de même l'origine de toutes les déviations utérines sauf celles qui ont une origine physiologique ou une origine traumatique.

Ces lésions, ces troubles morbides ne sont donc pour moi que des expressions anatomiques ou cliniques de l'inflammation utérine et ne constituent pas, ainsi que l'ont dit et le disent encore quelques gynécologues, des entités morbides. Cette opinion que je développais, en 1878, dans mon traité clinique est pour moi indéniable, car elle repose sur une pratique gynécologique des plus vastes et sur plusieurs milliers d'observations recueillies soit par mes élèves dans le grand service de l'hôpital de Lourcine, soit par moi, dans ma clientèle.

Envisager de cette manière la métrite n'est pas, Messieurs, chose indifférente pour le médecin, car elle le conduit à instituer une thérapeutique bien différente de celle qui, appliquée tous les jours encore par la plupart des gynécologues, ne s'adressant qu'à la lésion, qu'aux troubles morbides, laisse de côté leur origine : l'inflammation utérine. Aussi en résulte-t-il pour eux et pour les malades de graves mécomptes, alors qu'ayant guéri cette lésion ou ces troubles morbides, ils les voient réapparaître au bout d'un certain temps, et parfois même s'aggraver, la cause originelle persistant.

Quelles sont donc les lésions anatomiques de la métrite ?

L'inflammation de tout organe est, vous le savez, caractérisée par deux facteurs importants : l'exsudation vasculaire, la prolifération cellulaire. Le premier terme est une congestion, le résultat final une transformation des éléments en prolifération et par suite des tissus intéressés dans le cas où la résolution, la résorption des exsudats ne s'effectuent pas. Il s'ensuit que l'inflammation est aiguë ou chronique. Il est à remarquer seulement que, parfois, et c'est le cas pour l'utérus, l'état aigu fait défaut ; la congestion existe, l'exsudat vasculaire, l'exsudat lymphoïde se produisent, mais la congestion ne se présente pas avec les caractères d'acuité que nous trouvons sur les autres organes. L'état chronique s'établit pour ainsi dire d'emblée. Cela est vrai, alors surtout qu'il s'agit de la métrite constitutionnelle, de la métrite diathésique, en un mot de la métrite dyscrasique dont la lésion primitive est l'artério-sclérose.

Les gynécologues ont admis pour la plupart une classification des lésions

(1) *Traité clinique des affections de l'Utérus.* Lib. Alcan, succʳ de G. Baillière ; Paris 1879.

anatomo-pathologiques de la métrite; c'est ainsi qu'ils ont décrit une endométrite et une métrite parenchymateuse, une métrite du corps ou interne et une métrite du col ou externe. Ces divisions, ainsi que je l'ai dit dans mon *Traité clinique des affections de l'Utérus*, sont purement artificielles, aussi je les rejette. Que l'inflammation, en effet, débute par la muqueuse ou par le parenchyme, ainsi qu'il arrive parfois, alors qu'elle est d'origine dyscrasique, l'un et l'autre élément ne tardent pas à être atteints et à l'autopsie on constate des lésions siégeant aussi bien sur la muqueuse que sur le parenchyme. De même le col utérin n'est jamais atteint isolément, le corps participe à l'inflammation du col et réciproquement le col est lésé alors que l'inflammation débute par le corps. Il peut se faire que les lésions soient plus prononcées sur tel ou tel segment de l'utérus, mais, je le répète, ils sont tous atteints et cette prédominance du siège ne suffit pas pour admettre une métrite du col, une métrite du corps.

J'en dirai tout autant de la périmétrite des auteurs qui n'est autre que l'adéno-lymphite péri-utérine et le plus souvent que l'adéno-pelvi-péritonite adhésive postérieure ayant pour siège primitif le cul-de-sac péritonéal recto-utérin, les replis de Douglas.

Ceci dit, voyons quelles sont les lésions anatomiques de la métrite?

Ces lésions sont les unes constantes, les autres variables. Elles doivent être envisagées suivant que l'inflammation est aiguë ou chronique.

Dans la métrite aiguë, les lésions constantes sont les suivantes : hyperhémie de la muqueuse; tuméfaction et même épaississement; desquamation épithéliale par places; saillies petites hérissant la surface de la muqueuse, constituées le plus souvent par les follicules utriculaires dont l'orifice est dilaté et entouré d'un réseau vasculaire gorgé de sang. La pression fait soudre une grande quantité d'un liquide muqueux, trouble, purulent, analogue à celui qui baigne la surface de la muqueuse et qui sort par l'orifice du col.

Examiné au microscope, ce liquide contient de nombreuses hématies normales; quelques-unes où la couleur orangée de l'hémoglobine est remplacée par la couleur groseille de l'hématine; un très grand nombre d'éléments bicolores, discoïdes, lenticulaires à bords irrégulièrement circulaires, à base amincie et blanchâtre; quelques éléments blancs, globuleux, sphéroïdes, véritables cellules lymphatiques renfermant au centre un ou plusieurs noyaux discoïdes; et enfin un grand nombre de cellules épithéliales diverses (Hottenier).

Ce liquide possède une réaction alcaline. Il bleuit le papier rouge de tournesol.

Dans les cas très aigus, on rencontre des ecchymoses au niveau de la muqueuse; ces ecchymoses existent surtout dans la métrite traumatique résultant de l'avortement. On les trouve au niveau de la piqûre produite par l'instrument à pointe acérée (A. Tardieu).

La cavité utérine n'est pas dilatée; elle est même rétrécie. Les orifices du col sont effacés, oblitérés par la muqueuse congestionnée, œdématiée. L'utérus est augmenté de volume.

L'adéno-lymphite péri-utérine est constante et témoigne de la propagation de l'inflammation lymphatique utérine aux vaisseaux et aux ganglions lymphatiques péri-utérins et même à ceux du petit bassin.

Parmi les lésions variables de la métrite aiguë, je range l'oblitération des orifices de l'utérus, trompes et col, les érosions, les exulcérations, les ulcérations mêmes, résultant les unes de la desquamation épithéliale, les autres de la fonte purulente des épithéliums glandulaires, de la réunion de plusieurs follicules enflammés, de la destruction plus ou moins complète de la muqueuse.

La dysménorrhée, l'hydrométrie, la stérilité, sont les accidents ordinaires de l'oblitération des orifices. Je n'insiste pas actuellement; je retrouverai ces accidents à propos de la métrite chronique.

La métrite chronique offre, ainsi que la précédente, des lésions constantes et des lésions variables. Parmi les premières je signalerai l'épaississement de la muqueuse, sa coloration ardoisée, son aspect velouté dû à la présence de petites saillies papillaires et folliculaires; la disparition par places de l'épithélium et la transformation de ce dernier qui de cylindrique devient pavimenteux. La cavité utérine est remplie par un liquide visqueux, transparent ou opaque, louche, purulent. Au microscope, ce liquide ne présente plus en aussi grand nombre les hématies de l'état aigu; parfois même elles ont disparu. On constate de même un bien moins grand nombre d'éléments discoïdes incolores. Ce qui domine c'est la blancheur des éléments, les uns discoïdes, les autres sphéroïdes; ces derniers étant toutefois moins nombreux (Hottenier).

Le volume de l'utérus est augmenté principalement dans son diamètre transverse. La cavité utérine est dilatée, ainsi que l'orifice interne du col. L'orifice externe est entr'ouvert.

Le tissu utérin d'abord mou, dans l'état aigu, devient peu à peu dur, à mesure que l'état chronique se développe. Dans le cas même où l'état chronique se développe d'emblée, le tissu utérin présente tout d'abord de la mollesse puis de la dureté. Ces différents états, ainsi que je vais le dire, concordent avec les lésions vasculaires, connectives et même musculaires que le microscope révèle.

Les lésions variables de la métrite chronique sont nombreuses, et comme elles donnent lieu à des accidents parfois graves, qu'elles persistent longtemps, que la plupart du temps elles sont très apparentes, très faciles à reconnaître, elles ont surtout attiré l'attention des médecins; aussi ont-elles été considérées par eux comme une entité morbide, alors que, je le répète, résultant le plus ordinairement de l'inflammation utérine, elles ne doivent et ne peuvent être considérées que comme un produit de cette dernière.

Parmi ces lésions, outre l'oblitération des orifices du col et de la trompe et ses conséquences, la dysménorrhée, l'hydrométrie, la stérilité, nous avons l'*hypertrophie* des follicules utriculaires de la muqueuse, d'où la formation de petites tumeurs, saillantes, demi-sphériques ou arrondies, transparentes, contenant un liquide transparent, incolore, jaunâtre ou brunâtre, se présentant parfois sous forme de petits kystes, tapissant la surface interne du col, l'orifice externe. Quelquefois ces follicules hypertrophiés, transformés en kystes remplis de mucosités, se pédiculisent, restent attachés à la muqueuse utérine, notamment celle du col, par un simple pédicule : ils viennent alors faire saillie à travers l'orifice externe et se présentent sous forme de polypes muqueux. Leur structure rappelle, en effet, celle de la muqueuse utérine. Ils sont revêtus d'épithélium cylindrique et constitués essentiellement de glandes hypertrophiées, fondues entre elles et transformées en petits kystes. Il est à remarquer toutefois que, dans certains cas, les glandes et les follicules ont disparu, par suite de la prolifération du tissu conjonctif qui est devenu prédominant.

A côté de cette variété d'hypertrophie folliculaire kystique, il en existerait une autre décrite dans ces dernières années par Gerris sous le nom de *dégénérescence kystique du col*. Le col serait parsemé de vésicules lisses, à petit volume, dont le contenu serait de l'air. Cette affection aurait déjà été décrite par Vinckel sous le nom de *colpohyperplasie kystique*, et serait en effet caractérisée par l'existence de kystes contenant de l'air ou un gaz quelconque.

L'hypertrophie folliculaire est souvent associée à une autre lésion de l'inflammation utérine : les *fongosités utérines*, les *végétations utérines*. Ces fongosités, ces granulations, étudiées par Récamier, Nélaton, Richet, etc., se présentent sous l'aspect de petits grains saillants, formant à la surface de la muqueuse de petites saillies hémisphériques parfois pédiculées, opaques, jaunâtres ou rosées, rouges même. Dans une récente étude, M. de Sinéty en a donné la structure exacte. Il a reconnu qu'il en existait de trois sortes : les unes sont composées presque uniquement des follicules utriculaires hypertrophiés que j'ai déjà signalés ; les autres sont formées par un véritable tissu conjonctif embryonnaire et sont assez semblables aux bourgeons charnus d'une plaie suppurante ; quant à la troisième variété, elle est constituée par des vaisseaux de diamètre normal ou anormal. Ces trois variétés de végétations répondent exactement à quelques-uns des symptômes de la métrite, vous en donnent l'origine, vous montrent immédiatement l'indication thérapeutique qui en ressort, et vous permettent de dire que ces accidents ne constituent pas une entité morbide mais bien un syndrome de l'affection utérine. En effet l'hypertrophie glandulaire se traduit par une leucorrhée séro-muqueuse plus ou moins abondante ; la granulation bourgeonnante par une leucorrhée purulente, plus ou moins fétide ; les productions vasculaires par la ménorrhagie.

Assez souvent on trouve soit sur les bords de l'orifice, soit sur les lèvres du col, des *granulations* plus ou moins nombreuses, arrondies, tantôt agglomérées, tantôt disséminées, du volume d'une tête d'épingle, d'un grain de millet. Ces granulations, produites par l'hypertrophie des follicules enflammés, par l'hypertrophie des papilles du derme, par un grand nombre d'éléments embryonnaires et l'infiltration du tissu conjonctif sous-épithélial par ces mêmes éléments, deviennent l'origine des ulcérations qui, assez souvent, se montrent pendant l'évolution de l'inflammation utérine. Elles se révèlent soit par un petit pointillé rouge, soit par un point blanc jaunâtre (acné du col). En un moment de leur évolution le point central saillant est remplacé par une petite cupule, premier temps de l'ulcération.

Quant aux *ulcérations du col*, décrites à tort par la plupart des auteurs comme entité morbide, elles sont, de même que les lésions précédentes, un résultat de l'inflammation utérine. Sans insister sur son aspect, son siège, son étendue, je dirai que cette lésion n'est pas aussi fréquente qu'on serait tenté de le croire. Souvent, en effet, le col paraît ulcéreux, alors que cet aspect particulier est dû simplement à une modification du revêtement épithélial et non à une perte de substance. En effet, de Sinéty a parfaitement démontré que, dans ce cas, à la place de l'épithélium pavimenteux stratifié, normal, on trouve une couche de cellules épithéliales de formes variées, tantôt cylindriques, tantôt caliciformes, et présentant, en certains points, les caractères des éléments désignés par Malassez sous le nom d'épithélium métatypique. A cette couche de cellules aboutissent de distance en distance des enfoncements épithéliaux en doigt de gant, plus ou moins sinueux, analogues à des prolongements glandulaires et tapissés d'épithélium cylindrique, métatypique ou caliciforme. Le substratum des éléments ci-dessus décrits est constitué par des éléments embryonnaires et de nombreux vaisseaux, également embryonnaires, de divers calibres et gorgés de globules sanguins. Ce tissu présente par places des hémorrhagies interstitielles qu'on retrouve également plus profondément, soit au voisinage des vaisseaux, soit dans le tissu fibro-musculaire.

A vrai dire, il s'agit plutôt de simples érosions, d'excoriations, que de véritables ulcérations.

Une modalité anatomique très importante à connaître, parmi les lésions variables de la métrite, est l'*exfoliation de la muqueuse utérine*. Cette exfoliation, diversement interprétée par les auteurs, a été considérée comme une entité morbide et décrite sous le nom de *dysménorrhée pseudo-membraneuse*. Je ne veux pas revenir sur la discussion que j'ai soulevée à ce propos dans mon *Traité clinique des affections de l'Utérus ;* je dirai seulement que l'anatomie pathologique, l'étude microscopique des produits expulsés, la symptomatologie montrent d'une manière évidente que cette exfoliation, insensible à chaque époque menstruelle, devient chez certaines femmes très apparente, par le fait de l'inflammation utérine, qu'elle ne mérite dès lors nullement le nom de dysménorrhée parce que s'il est vrai que, assez communément du reste, l'expulsion ait lieu avec douleurs, coliques, il arrive encore assez fréquemment qu'elle se fait sans douleurs, sans que la femme en ait conscience. Aussi est-ce par un examen attentif qu'on parvient à reconnaître cette modalité que, pour ma part, j'ai pu observer un certain nombre de fois. Aussi ai-je, avec plusieurs auteurs, désigné cette modalité sous le nom de *métrite exfoliatrice.*

Anatomiquement, en effet, dit C. Schrœder, la muqueuse présente deux formes différentes : la forme inflammatoire interstitielle commune et la forme interstitielle dans laquelle les tissus intercellulaires participent davantage à l'inflammation que les cellules conjonctives. Le tissu conjonctif utérin est épaissi et rappelle les travées compactes du tissu élastique. Les cellules conjonctives, écartées par l'exsudat, ne paraissent pas avoir beaucoup augmenté de volume; mais pourtant elles ont subi d'autres modifications.; leurs noyaux sont parfois plus grands et remplissent une grande partie du corps de la cellule, à telle enseigne, que l'on croit se trouver en présence de cellules qui ont subi la première des transformations pour devenir des cellules de caduque.

Je ne saurais omettre parmi les lésions variables de la métrite aiguë ou chronique les *déviations utérines*. S'il est vrai que les déviations utérines peuvent se montrer comme un phénomène physiologique ou traumatique, il n'est pas moins vrai aussi qu'elles sont presque toujours dues à la métrite, soit qu'elles résultent du volume exagéré de l'organe, exagération due à l'inflammation, soit qu'elles résultent des adhérences de l'utérus avec les parties voisines par suite du développement de l'adéno-pelvi-péritonite. Aussi, quoique cette lésion imprime à l'inflammation utérine une évolution qui parfois en aggrave les symptômes et par suite le pronostic, je ne saurais la considérer, à l'exemple de la plupart des auteurs, comme une entité morbide. La déviation utérine est pour moi une lésion de la métrite à laquelle elle imprime, à l'égal des autres lésions variables, une modalité clinique spéciale dont le médecin doit tenir compte dans la thérapeutique.

On donne, vous le savez, le nom de déviation utérine à tout changement de direction, à toute inclinaison vicieuse que présente l'utérus, soit dans sa continuité, soit dans sa contiguïté, en un mot, à tout changement de direction de l'utérus par rapport à l'axe du corps. L'utérus peut se dévier de sa direction normale en totalité ou en partie. Dans le premier cas, l'organe tourne autour d'un point fixe (l'isthme), et ses deux parties, corps et col, se portent en sens inverse l'une de l'autre, on dit alors qu'il y a version. Suivant que le corps de l'utérus se porte en avant, en arrière, ou de côté, on dit : antéversion, rétroversion, latéroversion. Dans le second cas, une partie seulement de l'organe se fléchit sur l'autre qui conserve sa direction normale ; il y a flexion. Suivant que le corps de l'organe se fléchit en avant, en arrière ou de côté, on dit : antéflexion, rétroflexion, latéroflexion. Le corps de l'utérus, suivant la direction prise par lui vers tel ou tel point de l'excavation pelvienne ou vers le col, sert donc de point de repère pour désigner la déviation.

En terminant cette énumération des lésions variables de la métrite, je ne saurais oublier les abcès de l'utérus et l'extension fréquente de l'adénolymphite aux tissus en rapport avec les vaisseaux lymphatiques et les ganglions, tissu cellulaire et péritoine, d'où l'origine des phlegmons dits du ligament large, du phlegmon dit péri-utérin, de la pelvi-péritonite, que j'ai pour cette raison dénommées adéno-phlegmon-péri-utérin, adénopelvi-péritonite.

Pour être complet, il me resterait à signaler les lésions spéciales à la métrite traumatique, telles que les plaies, les déchirures, les épanchements sanguins, ainsi que celles qui appartiennent à la métrite constitutionnelle ou diathésique (métrite scrofuleuse, arthritique, herpétique, syphilitique, tuberculeuse), mais devant revenir sur ce sujet à propos du diagnostic nosologique et pathogénique si important pour la thérapeutique, je limite cette synthèse des lésions anatomiques de la métrite aiguë et chronique. Je le fais d'autant mieux que j'ai l'espérance d'en avoir assez dit pour montrer que ces lésions si variables, si diverses, impriment à l'inflammation utérine une modalité clinique dont le médecin doit tenir grand compte alors qu'il veut faire la thérapeutique de la métrite.

Sa thérapeutique sera surtout d'autant plus efficace qu'il connaîtra le processus évolutif de ces lésions mis en relief par une étude microscopique attentive.

Cette étude montre en effet, suivant l'évolution, la durée de la métrite : la stase veineuse, la diapédèse des globules rouges et blancs, l'infiltration du tissu connectif par les cellules lymphoïdes, la lymphangite et la périlymphangite ainsi que la stagnation des globules de la lymphe dans les vaisseaux et dans les espaces lymphatiques, la transformation des cellules lymphatiques en tissu connectif, la prolifération cellulaire surtout périvasculaire, d'où hyperplasie, hypertrophie conjonctive, sclérose non seulement du stroma de la muqueuse, mais encore de celui du tissu utérin, du tissu intermusculaire, d'où ce fait que le tissu interstitiel est abondant, d'une texture serrée, comprimant les vaisseaux qui sont rares et rétrécis, parfois même oblitérés, comprimant les fibres musculaires qui sont par-là même moins abondantes, en dégénérescence granuleuse, granulo-graisseuse, parfois mais rarement amyloïde. Dans certains cas, enfin, les fibres musculaires ont disparu. En passant, je vous signale ce fait qui a une assez grande importance, car cette lésion anatomique sépare la métrite chronique scléreuse de l'hypertrophie utérine protopathique ou deutéropathique où nous voyons, parmi les lésions, la prédominance des faisceaux musculaires et la rareté relative du tissu connectif.

L'épithélium vibratile de la muqueuse a disparu par places; parfois même il est complètement absent ou bien il est transformé en épithélium pavimenteux. Les exsudats sanguins, constatés dans l'état aigu, sont transformés en foyers de pigmentation d'un rouge foncé ou d'un jaune orange, parfois même de couleur brune ou noirâtre. Les follicules glandulaires sont augmentés de volume, hypertrophiés; en outre, au lieu d'être droits ils se dilatent par endroits, de telle sorte qu'ils ont la forme d'un tire-bouchon (Schrœder). Dans certains cas, ils ne sont pas seulement hypertrophiés, ils sont devenus plus nombreux; il existe une véritable hyperplasie des tubes glandulaires. A mesure que les lésions progressent, on constate, sur le trajet des follicules des dilatations partielles, des ectasies alternant avec des rétrécissements qui plus tard aboutissent à des oblitérations complètes de leur orifice. L'épithélium glandulaire persiste ou bien a disparu par places. Il n'est pas rare de constater des kystes en voie de formation. Quant à la muqueuse, si l'inflammation persiste depuis plusieurs années, on la trouve amincie, atrophiée, remplacée par une simple couche de tissu connectif.

En résumé deux phases successives caractérisent l'inflammation utérine, la phase congestive, la phase scléreuse et même hyperplasique. Chacune s'annonce par des lésions et des phénomènes symptomatiques adéquats. Chaque modalité suscite une thérapeutique locale spéciale, ainsi que je le dirai.

TROISIÈME ET QUATRIÈME LEÇONS

SOMMAIRE. — Symptomatologie de la métrite. — Signes physiques : symptômes fonctionnels; symptômes généraux; phénomènes sympathiques ou réflexes; symptômes des maladies dyscrasiques, constitutionnelles ou diathésiques; symptômes constants ou variables. — A. *Métrite aiguë: a.* Signes physiques constants : appréciables par le toucher vaginal et rectal; par l'examen au spéculum; par la thermométrie utérine; état des tissus utérins, du col, des orifices; adéno-lymphite. *b.* Signes physiques variables : follicules, granulations, érosions, exulcérations, ulcérations, adéno-phlegmon péri-utérin, adéno-pelvi-péritonite. *c.* Symptômes fonctionnels : douleur, fièvre, troubles menstruels, leucorrhée. — B. *Métrite chronique : a.* Signes physiques constants : pesanteur utérine; état du col, de l'orifice externe; augmentation du volume de l'utérus; adéno-lymphite; augmentation des diamètres utérins, de la cavité utérine. *b.* Signes variables : follicules, granulations, polypes, adéno-phlegmon, adéno-pelvi-péritonite, végétations. *c.* Symptômes fonctionnels : douleurs, leucorrhée, troubles menstruels. Phénomènes sympathiques, trois groupes : système digestif, système nerveux, fonctions de nutrition.

Messieurs,

La *symptomatologie* de la métrite comporte : 1º l'étude des symptômes locaux et généraux; 2º celle des phénomènes sympathiques; 3º celle des symptômes appartenant à la maladie dyscrasique, constitutionnelle ou diathésique tenant sous sa dépendance l'inflammation utérine.

Il faut savoir, en effet, que la métrite ne s'accuse pas seulement par des troubles locaux et généraux, par des troubles sur les organes voisins de l'utérus : vessie, rectum, vagin; mais encore sur les organes éloignés : estomac, foie, cœur, poumons, système cérébro-spinal, système tégumentaire, etc. Il s'ensuit un ensemble de symptômes, de troubles morbides qui, s'ils ne sont pas rattachés les uns aux autres, peuvent devenir la source de nombreuses erreurs de diagnostic. Aussi est-il nécessaire pour le médecin de remonter à l'origine de tous les phénomènes morbides, d'en rechercher avec soin la pathogénie. Il est aussi des plus nécessaires pour lui de ne négliger aucun des éléments qui caractérisent les maladies dyscrasiques, constitutionnelles ou diathésiques, car non seulement ils lui permettent de reconnaître la maladie générale, origine première de la métrite, mais encore ils lui donnent la solution de bien des problèmes soulevés soit par l'évolution de l'inflammation utérine, soit par la modalité clinique si variée que cette affection comporte dans bien des cas. Sans cette solution il lui sera impossible le plus souvent d'instituer une thérapeutique qui pour être réellement efficace repose sur un triple diagnostic : diagnostic anatomique, diagnostic pathogénique, diagnostic nosologique.

Les symptômes de la métrite sont, comme les lésions, constants et variables. Ils sont en rapport avec l'évolution aiguë ou chronique de l'affection.

Les symptômes constants de la métrite aiguë sont en rapport avec les lésions constantes. Ce sont les signes physiques de l'inflammation utérine. Le toucher vaginal et rectal, l'examen *de visu* à l'aide du spéculum, la thermométrie en rendent parfaitement compte.

A l'aide du toucher vaginal, on constate la tuméfaction de l'utérus dont le corps et le col sont augmentés de volume; la mollesse des tissus dont la consistance est œdémateuse, pâteuse; l'état de l'orifice externe du col, légèrement entr'ouvert chez la jeune fille et chez la femme qui n'a pas eu d'enfant, élargi transversalement, entr'ouvert, plus ou moins déformé, à lèvres saillantes chez la femme ayant eu un ou plusieurs enfants; la sécheresse puis l'humidité du col due au liquide leucorrhéique qui s'écoule de la cavité utérine; liquide plus ou moins épais, plus ou moins glutineux, adhérent, collant sur l'extrémité du doigt qui parfois le ramène au dehors et permet ainsi d'en faire l'analyse microscopique; l'adéno-lymphite péri-utérine reconnaissable à la tuméfaction des vaisseaux lymphatiques, aux traînées linéaires qui, partant de l'utérus, se dirigent vers les ligaments larges, sur la paroi externe du vagin, sur la paroi du petit bassin; reconnaissable à la tuméfaction des ganglions de l'isthme, sous-vaginaux, sacrés, les uns adhérents à l'utérus, les autres mobiles; les uns du volume d'une noisette, d'une petite noix, les autres du volume d'un pois, d'une lentille; vaisseaux et ganglions douloureux à la pression, douleur parfois tellement vive que le toucher est difficile, impossible même, s'il n'est pratiqué avec la plus grande douceur et suivant les préceptes que j'ai fait connaître dans ma leçon sur les moyens d'exploration de l'utérus (*Traité clinique des affections de l'Utérus, Annales médico-chirurgicales*, 1885). C'est à l'adéno-lymphite, ainsi que je l'ai dit, qu'il faut attribuer la douleur assignée à tort à l'utérus par les gynécologues.

Le toucher rectal fait de même reconnaître la plupart des signes précédents; il donne en outre de plus amples renseignements sur l'adéno-lymphite; aussi ne doit-il être jamais négligé.

Le spéculum montre la rougeur plus ou moins vive, plus ou moins uniforme, la tuméfaction plus ou moins prononcée de la muqueuse du col et qui sera d'autant plus appréciable que l'orifice sera plus ou moins entr'ouvert.

Le thermomètre, introduit dans le col utérin, fait constater une augmetation de 1, 2, 3 et parfois 4 et 5 dixièmes de degré dans la température normale de l'utérus.

Les signes physiques variables correspondent de même aux lésions variables de la métrite aiguë. C'est ainsi que le toucher vaginal fait reconnaître l'inflammation des follicules muqueux se traduisant sur les lèvres du col par de petites saillies plus ou moins fines, plus ou moins volumineuses, plus ou moins nombreuses, donnant une sensation de rugosités, d'inégalités très appréciables; les érosions, les exulcérations et à plus forte raison les ulcérations; l'extension de l'inflammation lymphatique aux tissus voisins : tissu cellulaire péri-utérin, péritoine, d'où l'existence d'un adéno-phlegmon péri-utérin, du ligament large, sous-abdominal, d'une adéno-pelvi-péritonite localisée aux replis de Douglas (désignée à tort par les gynécologues sous le nom de périmétrite) ou généralisée à tout le cul-de-sac recto-utérin. Cette extension se traduit soit autour de l'utérus, soit dans l'un des ligaments larges, parfois même dans les deux par une tuméfaction de consistance dure, plus ou moins étendue, plus ou moins proéminente dans le vagin ou dans le rectum, suivant son siège autour de l'utérus, dans le ligament large ou dans le cul-de-sac péritonéal, en général très douloureuse, fixant l'utérus immobile dans sa situation normale ou lui faisant subir des changements de direction à droite, à gauche, en avant, en rapport de même avec son siège. Cette tuméfaction est tantôt uniforme, tantôt inégale, alors qu'il existe plusieurs ganglions enflammés. Alors même qu'elle est très prononcée, très volumineuse, vous trouvez toujours soit sur ses limites, soit sur les confins de l'utérus, sur la paroi vaginale ou sur la paroi osseuse du petit bassin d'autres petites tumeurs ganglionnaires qui montrent bien, ainsi que je l'ai établi, la pathogénie de ces lésions péri-utérines qui ne doivent plus être regardées comme des accidents, des complications de la métrite, mais bien comme des lésions variables de l'inflammation utérine et comme constituant par conséquent des symptômes variables. Cette tuméfaction, d'abord dure, peut, en un certain moment de son évolution, devenir moins consistante, plus molle, fluctuante même. Dans ces conditions la suppuration s'est établie, un abcès s'est formé; une véritable complication surgit, parce que cette évolution est des plus rares dans la métrite aiguë non puerpérale, alors que le traitement de l'inflammation utérine a été institué dès le début et surtout alors qu'il l'a été suivant les préceptes que je vous ferai connaître.

A l'aide du spéculum vous constatez la [rougeur des saillies folliculaires, parfois l'aspect blanchâtre de leur sommet dû à la purulence; les petites dépressions en godet qui succèdent à leur fonte purulente et qui donnent à la muqueuse l'aspect d'une écumoire; les érosions, les exulcérations, les ulcérations saignantes occupant l'une ou les deux lèvres à la fois, s'étendant tantôt sur la partie vaginale du col, tantôt sur la muqueuse intracervicale, tantôt enfin sur les deux à la fois.

La métrite aiguë, outre les signes physiques constants et variables que je viens de signaler, se révèle par les symptômes généraux et fonctionnels suivants : douleurs hypogastriques accompagnées de frissonnements, de fièvre, d'inappétence, de soif; chaleur ardente à l'hypogastre; pesanteur pelvienne; parfois tranchées utérines; douleurs lombaires, fessières et crurales; parfois douleurs ano-rectales, véritables épreintes rectales, ténesme anal, alors que l'adéno-pelvi-péritonite du cul-de-sac péritonéal existe; douleurs vésicales, dysurie; chaleur ardente du vagin, de la vulve; leucorrhée d'abord peu marquée au début, puis plus abondante; menstruation plus ou moins troublée. Ainsi, dans la métrite aiguë, les règles sont souvent supprimées; cette suppression est pour ainsi dire la règle, lorsque la métrite survient pendant la période menstruelle. D'autres fois l'écoulement menstruel persiste, mais il est moins abondant et sa durée est moindre; parfois enfin, il est tellement abondant qu'il constitue une véritable ménorrhagie, et non seulement la quantité est plus grande mais encore la durée est prolongée, au point que chez certaines malades la période intercalaire n'existe plus.

En général, dans la métrite aiguë, les règles sont douloureuses; la malade se plaint de douleurs abdominales, de coliques qui précèdent leur apparition de cinq à six jours, quelquefois plus, quelquefois moins, deux jours seulement. Ces douleurs peuvent cesser avec l'écoulement sanguin ou persister pendant toute la durée de ce dernier. Dans ce cas on peut soupçonner un rétrécissement de l'orifice interne du col, rétrécissement inflammatoire qui, mettant obstacle à l'écoulement continu du sang, donne lieu aux tranchées utérines, aux contractions douloureuses, qui caractérisent la dysménorrhée. Dans ce cas, en effet, chaque tranchée amène l'expulsion de caillots sanguins, plus ou moins petits, plus ou moins volumineux.

La métrite chronique, comme la métrite aiguë, se révèle par des symptômes constants, des symptômes variables; elle se révèle par des signes physiques ou locaux, en rapport avec les lésions, par des symptômes fonctionnels, par des symptômes généraux. La métrite chronique offre, en outre, à considérer un quatrième ordre de symptômes, les symptômes sympathiques, excessivement communs pendant son évolution, et parfois tellement prédominants, que, dominant, ainsi que je l'ai dit, la scène pathologique, ils deviennent la source de nombreuses erreurs de diagnostic.

Les signes physiques constants de la métrite chronique sont perçus par le toucher vaginal, le toucher rectal, le spéculum, le cathétérisme utérin, le thermomètre.

A l'aide du toucher vaginal on constate la lourdeur de l'utérus, signe perçu la femme étant debout; la forme conique, allongée du col, chez la jeune fille ou chez la femme n'ayant pas eu d'enfants, raccourcie, arrondie, aplatie chez la femme ayant eu un ou plusieurs enfants; chez celle-ci, en outre, on constate une ou plusieurs cicatrices profondes provenant de déchirures produites soit par le travail de l'accouchement, soit par l'application du forceps, du céphalotribe; la forme circulaire, ovalaire ou linéaire de son orifice, suivant que la femme n'a pas eu ou a eu un ou plusieurs enfants; la béance de cet orifice, parfois telle que l'extrémité de la phalangette pénètre dans la cavité du col et peut en explorer la surface interne; les bords lisses ou irréguliers qui le circonscrivent; les lèvres, plus ou moins saillantes, plus ou moins épaissies, suivant qu'elles sont plus ou moins hypertrophiées, qui le constituent; l'augmentation de son volume, portant surtout sur le diamètre transversal.

Le toucher vaginal fait constater ensuite l'augmentation de volume de l'utérus, augmentation qui porte sur tous les diamètres, mais principalement sur le diamètre transversal.

Enfin, il fait reconnaître au niveau de l'isthme, dans les culs-de-sac vaginaux, sur le pourtour du petit bassin, sur la courbure sacrée, l'adéno-lymphite péri-utérine, caractérisée par les traînées lymphatiques irrégulières, bosselées, dures, faisant saillie sous la muqueuse vaginale, roulant sous le doigt, et par l'adénite qui, sous forme de petites tumeurs, bien unies, peu ou pas douloureuses, suivant les cas, mobiles ou adhérentes, existe au niveau de l'isthme utérin, dans les culs-de-sac latéraux, postérieurs du vagin.

Le toucher rectal permet de faire les mêmes constatations.

Le spéculum renseigne sur la coloration de la muqueuse qui est tantôt normale, tantôt décolorée, pâle, d'autres fois rouge violacée, suivant que la circulation de l'utérus est plus ou moins entravée, que la sclérose péri-vasculaire est plus ou moins prononcée.

A l'aide de l'hystéromètre, on constate l'augmentation du diamètre longitudinal de l'utérus, l'amplitude de la cavité utérine plus considérable que dans la métrite aiguë, ainsi que la béance de l'orifice interne, plus accusée dans la métrite chronique que dans la métrite aiguë où cet orifice est ordinairement rétréci.

Le thermomètre accuse en général une augmentation de 1 à 2 dixièmes de degré.

Outre ces signes constants, la métrite chronique s'accuse par les signes physiques les plus variables : ainsi sur les lèvres du col, surviennent des granulations plus ou moins volumineuses, saillantes, dues à l'hypertrophie, à l'hyperplasie folliculaire ; des exulcérations, des ulcérations mêmes, plus ou moins étendues, plus ou moins profondes, irrégulières, à surface rugueuse, saignante, occupant seulement les lèvres ou se prolongeant dans la cavité cervicale ; des végétations plus ou moins longues et parfois de véritables polypes. Un liquide épais, visqueux, glutineux, humecte les lèvres du col ; parfois inodore, il a d'autres fois une odeur fétide, nauséeuse, repoussante. L'utérus est souvent dévié de sa direction normale ; il est susceptible de présenter toutes les déviations que j'ai déjà signalées.

L'adéno-lymphite se révèle sous forme de tumeurs plus ou moins volumineuses, peu mobiles, d'une sensibilité variable depuis une douleur légère jusqu'à une douleur aiguë, lancinante, indiquant l'extension de l'inflammation lymphatique au tissu cellulaire ou à la séreuse péritonéale.

Tous ces signes sont perçus par le toucher vaginal et le toucher rectal. L'examen au spéculum ne fait que les compléter en renseignant le médecin sur la coloration des granulations, des follicules qui sont tantôt rouges, saignants, tantôt d'un blanc jaunâtre (acné du col), tantôt transparents (kyste du col) ; sur l'aspect des ulcérations en rapport, vous le savez, avec les divers éléments anatomiques envahis par l'inflammation ; sur la coloration et sur l'écoulement du liquide utérin, du liquide leucorrhéique. En général, ce liquide sort en bavant de l'orifice externe ; mais, parfois l'expulsion a lieu par jets ; elle est intermittente. Ce signe est très important, car il fournit des renseignements exacts et précis sur l'état du muscle utérin ; sur la sclérose connective plus ou moins prononcée.

Les symptômes fonctionnels de la métrite chronique sont très importants, car bien souvent ils mettent sur la voie du diagnostic de la métrite. Il faut savoir, en effet, que l'inflammation utérine est souvent chronique d'emblée, qu'elle s'établit insidieusement. La douleur abdominale est constante, mais elle est peu vive. Elle consiste en une simple sensation de pesanteur, de plénitude dans le petit bassin, s'exagérant par la marche, la fatigue, le coït. Elle devient alors gravative, continue, avec des redoublements, des élancements comme dans la métrite aiguë ; ces redoublements inquiètent la malade qui jusqu'alors n'avait porté aucune attention à la pesanteur qu'elle ressentait dans le petit bassin, aussi appelle-t-elle l'attention du médecin sur ces phénomènes douloureux, et si celui-ci n'est pas prévenu du début insidieux de la métrite chronique, de la possibilité de son évolution sans phénomènes morbides très apparents, il croit à un début récent, à une inflammation utérine aiguë, alors qu'il ne s'agit que du réveil d'un état latent. Bien des métrites chez les jeunes mariées, attribuées par les médecins à l'acte du mariage, ne sont que le réveil d'une inflammation utérine survenue au moment de l'instauration menstruelle. Tous les jours je suis à même de vérifier l'exactitude de cette préposition et vous la vérifierez de même, parce qu'il s'agit ici de la métrite constitutionnelle, de la métrite dyscrasique, si fréquente, ainsi que je le dirai, à propos de la pathogénie.

La douleur, dans la métrite chronique, siège à la région hypogastrique et à la région lombaire. Elle est de même fréquente dans l'une des régions iliaques, parfois dans les deux. Due alors à l'adéno-lymphite, vous pouvez hardiment diagnostiquer l'existence d'une métrite; le toucher vaginal ou rectal vous fera toujours constater l'inflammation lymphatique du côté où siège la douleur. Je ne voudrais pas vous donner un chiffre; pourtant je ne puis m'empêcher de vous dire que jamais je n'ai trouvé cette relation en défaut, et cela sur plus de 6,000 cas de métrite que j'ai observés depuis dix ans. Vous le voyez, j'ai bien raison de dire que l'adéno-lymphite est la lésion obligée de la métrite, qu'elle est l'origine de la douleur localisée sur un des côtés de l'utérus ou sur les deux à la fois, suivant qu'elle est unique ou double.

Outre ces sensations douloureuses pelviennes, la femme éprouve également dans le petit bassin des battements artériels, appréciés souvent par le médecin, en pratiquant le toucher vaginal; elle éprouve également un prurit vulvaire qui se produit même en l'absence de tout écoulement leucorrhéique et qui est des plus fatigants, des plus insupportables.

La leucorrhée utérine est constante dans la métrite chronique; elle en est souvent le premier symptôme; elle se montre parfois en l'absence de tout autre phénomène morbide; aussi la femme n'attache aucune importance à cet écoulement qui pourtant en a une des plus grandes, car, ainsi que je l'ai dit, il est toujours l'indice d'une inflammation utérine. Pour ma part, jamais je ne l'ai observé en dehors de la métrite; aussi m'a-t-il permis de reconnaître l'inflammation utérine chez la jeune fille soit avant l'instauration, soit après l'instauration menstruelle. Parfois peu abondante au début, ne se montrant même qu'à l'approche des règles ou pendant les premiers jours qui les suivent; d'autres fois elle est tellement abondante et continue, qu'elle oblige les femmes à se garnir, c'est à cette modalité que les médecins ont donné le nom de *catarrhe utérin* qui n'est autre, suivant moi, que la métrite chronique et nécessite par conséquent le même traitement. Parfois enfin la leucorrhée remplace l'époque menstruelle. Je n'insiste pas sur ses caractères cliniques les ayant décrits à propos des lésions anatomiques. L'écoulement utérin sur les muqueuses vaginale et vulvaire en détermine l'inflammation et produit souvent sur le tégument externe un érythème intertrigo, une éruption herpétique, acnéique, furonculaire ou même eczémateuse, occupant les petites lèvres, les grandes lèvres, la face interne des cuisses et le sillon interfessier. J'ajoute que l'abondance de ce liquide est une des causes de la stérilité.

La menstruation, pendant l'évolution de la métrite chronique, peut rester normale; les règles viennent facilement, sans douleur; elles ont même durée, même abondance, même régularité que dans l'état de santé. Ce fait est pourtant rare. Le plus souvent cette fonction physiologique est plus ou moins troublée. Tantôt les règles sont moins abondantes, ont une durée moindre, sont irrégulières dans leur apparition, subissent un retard plus ou moins long, se suppriment même pendant des mois; tantôt elles sont plus abondantes, constituent une véritable ménorrhagie, durent un plus grand nombre de jours, huit, quinze et vingt jours. Leur retour est plus fréquent; elles empiètent les unes sur les autres; la perte de sang est presque continuelle. Dans ce cas, l'écoulement menstruel n'est jamais très abondant; l'abondance se montre seulement pendant quelques jours, coïncide avec le retour présumé des époques, puis diminue sans cesser.

L'écoulement menstruel, ai-je dit, peut se faire sans douleur ; mais généralement une douleur survient ; tantôt légère, précédant de quelques jours l'écoulement sanguin et cessant avec son apparition ; tantôt violente, caractérisée par de véritables tranchées, de véritables coliques utérines, précédant l'époque menstruelle, persistant pendant sa durée et même après sa cessation. La femme est en proie à une crise dysménorrhéique des plus intenses. En même temps il y a recrudescence des douleurs hypogastriques, iliaques et lombaires.

Le sang des menstrues conserve parfois ses caractères physiques ; le plus ordinairement, il est peu coloré, les taches sanguines du linge, rouges à leur centre, sont blanchâtres à leur circonférence ; il contient souvent de petits caillots noirâtres ; enfin on peut y rencontrer la fausse membrane qui caractérise la métrite exfoliatrice.

A côté de ces troubles fonctionnels, je dois en mentionner un des plus importants, je veux parler de la difficulté, de l'impossibilité même de la fécondation. Le cas est rare où une femme, atteinte de métrite chronique, devient enceinte, et si la grossesse survient, il est alors plus rare de lui voir accomplir son évolution normale ; l'utérus enflammé, irritable, se débarrasse par des contractions énergiques du produit de la conception, l'avortement a lieu. Le plus ordinairement l'imprégnation ne se fait pas ; la stérilité est la conséquence presque forcée de la métrite chronique.

Enfin, parmi les troubles fonctionnels survenant du côté des organes en connexion étroite avec l'utérus, je signalerai les fréquents besoins d'uriner, la miction douloureuse, conséquences de la cystite du col. Je signalerai de même la constipation alternant parfois avec la diarrhée glaireuse.

Phénomènes sympathiques. — L'appareil utérin est un foyer de retentissements sympathiques non seulement sur les organes qui l'avoisinent, mais encore sur ceux qui sont éloignés ; il suffit d'une altération la plus légère dans sa structure, d'un trouble dans sa nutrition pour provoquer dans tout l'organisme les accidents morbides les plus variés. Ces accidents, auxquels on a donné le nom de phénomènes sympathiques, acquièrent parfois une telle prédominance qu'ils masquent complètement les autres symptômes de l'affection utérine et qu'ils induisent en erreur la femme et même le médecin. Que de fois, en effet, les femmes consultent le médecin au sujet de troubles fonctionnels de l'estomac, du foie, du cœur, du poumon, de la vue, de l'ouïe, du système nerveux, du système cutané qui, paraissant tout d'abord étrangers à l'inflammation utérine, n'en sont pourtant que la conséquence. Ces phénomènes sont donc très intéressants à connaître, car, non seulement ils impriment à la métrite une modalité clinique particulière, mais encore ils sont la source d'indications variées dans la thérapeutique de cette affection.

Je me suis longuement étendu à leur sujet dans mon traité clinique, je me bornerai à vous en donner une description succincte.

Pris dans leur ensemble, on divise leur étude en trois groupes, suivant qu'ils siègent sur le système digestif, sur le système nerveux, sur les fonctions de nutrition.

Très peu prononcés dans la métrite aiguë, absents même le plus ordinairement, ils se montrent surtout dans la métrite chronique, pendant la longue évolution de cette affection.

Les troubles digestifs apparaissent les premiers; ils sont multiples et variés; on peut cependant les classer sous deux chefs et les ramener soit à la dyspepsie, soit à la gastralgie. La dyspepsie se montre avec ses différents types : tantôt sous la forme sthénique, acescente, cardialgique, tantôt sous la forme asthénique, alcaline.

Dans la première variété, au début l'appétit est conservé, quelquefois augmenté; puis il devient inégal, capricieux ou perverti, dépravé. La digestion stomacale se fait lentement, péniblement ; tantôt la malade accuse un léger malaise, une pesanteur, une oppression après le repas durant de une à plusieurs heures; tantôt elle éprouve des douleurs intenses, des renvois inodores ou acides (pyrosis), suivis parfois de vomissements glaireux, alimentaires. La région épigastrique est gonflée; la moindre pression éveille la douleur. La langue est rosée, humide, présentant de chaque côté de la ligne médiane une petite traînée blanchâtre formée par l'accumulation de salive mousseuse. Dans la deuxième variété, l'appétit est diminué, supprimé même. La langue est sèche, couverte d'un enduit visqueux, grisâtre, blanc jaunâtre ; elle est large, étalée, blanchâtre. Les douleurs de l'estomac sont moins vives; la malade éprouve plutôt un sentiment de pesanteur qu'une véritable douleur. Les nausées, les vomissements sont fréquents. La dilatation de l'estomac accompagne souvent cette variété de dyspepsie.

L'entéralgie, le tympanisme sont de même fréquents dans le cours de la métrite chronique. Ces troubles intestinaux fatiguent la malade et sont souvent très pénibles, surtout la tympanite qui, en augmentant le volume de l'abdomen, est en outre une cause d'inquiétude; aussi demande-t-elle constamment au médecin de faire disparaître cet accident.

Des troubles digestifs, je rapprocherai ceux qui se montrent fréquemment du côté du foie. Parmi ceux-ci je citerai surtout la colique hépatique. Pour ma part, j'en ai observé un certain nombre de cas. La colique hépatique se présente avec le syndrome morbide qui la caractérise habituellement, je n'insiste pas. Je veux seulement appeler votre attention sur quelques particularités intéressantes. C'est ainsi notamment que les crises hépatiques augmentent d'intensité toutes les fois que la métrite subit une recrudescence ; qu'elles apparaissent et qu'elles s'exagèrent lors de la période menstruelle; parfois quelques jours avant l'écoulement ménorrhagique, d'autres fois pendant et quelquefois après. C'est là un point intéressant, je le répète, dans l'histoire de la colique hépatique survenant chez la femme atteinte de métrite. La colique hépatique survenant dans le cours de la grossesse est un fait du même ordre; j'en ai observé plusieurs cas. J'ajoute que j'ai vu un exemple de colique hépatique se déclarer deux jours après l'accouchement. Dans ce fait pour lequel je fus mandé en province, le diagnostic fut corroboré par la présence des calculs dans les selles. Je n'ai pas besoin d'insister sur les tergiversations subies par le médecin traitant, en présence de phénomènes morbides si insolites pour lui qu'ils lui avaient fait émettre un pronostic des plus graves.

L'interprétation de ces faits me paraît être la suivante. Ils appartiennent à la lithiase biliaire, puisque les calculs ont été toujours retrouvés dans les selles ; on ne doit pas les regarder comme des accidents nerveux, ainsi que le disait H. Bennet. Pour moi la lithiase biliaire, associée ou non à la lithiase rénale, de même très fréquente chez les femmes atteintes de métrite, est une manifestation de l'arthritis, tout comme la métrite existante. Il est à remarquer, en effet, que toutes les femmes que j'ai observées étaient atteintes de cette métrite dyscrasique.

La nutrition offre des perturbations très variables. A côté de femmes amaigries, cachectiques, offrant un facies utérin accentué, on trouve des femmes obèses, avec un aspect extérieur indiquant une santé florissante, à tel point qu'on les prend pour des hypocondriaques. On ne tient nul compte de leurs malaises, de leurs souffrances; aussi leur caractère s'en trouve d'autant aigri. Le premier type appartient à la forme irritable de la métrite. L'amaigrissement, la cachexie accompagnent surtout la métrite douloureuse par son adéno-lymphite ou par les névralgies ovarienne, utérine, lombo-sacrée, iléo-lombaire et crurale. Le deuxième type se rencontre dans la métrite torpide, à réactions peu accusées. C'est dans cette forme que l'abdomen prend surtout un développement exagéré dû soit à la tympanite, soit à la polysarcie mésentérique et abdominale; ce développement est tel que la femme croit à une grossesse, et elle le croit d'autant plus que, souvent dans cette modalité anatomique de la métrite, les règles se suppriment pendant plusieurs mois. Depaul a donné à cet état graisseux abdominal le nom de grossesse adipeuse.

Le système tégumentaire n'échappe pas à ces troubles nutritifs généraux. Les taches pigmentaires, la chromidrose, les furoncles sont des accidents communs de la métrite chronique. C'est ainsi que vous verrez des taches brunes, pigmentaires, maculeuses se développer sur le front, les tempes, la racine du nez, les pommettes, la lèvre supérieure; que vous verrez l'aréole mammaire, les petites lèvres, la partie antérieure du tronc, la face interne des cuisses, se couvrir de taches plus ou moins foncées, tantôt larges, tantôt petites, circonscrivant des intervalles de peau saine, comme dans le vitiligo. C'est encore un fait digne de remarque, les taches pigmentaires, maculeuses, appartiennent à la modalité torpide, tandis que la chromidrose des paupières, des sourcils se montre dans la modalité irritable de la métrite. L'éruption furonculaire des grandes lèvres, du mont de Vénus, du sillon génito-crural, du sillon interfessier appartient de même plutôt à la modalité irritable qu'à la modalité torpide.
Outre ces lésions cutanées on trouve, pendant l'évolution de la métrite, marchant parallèlement avec elle, les affections de la peau les plus variables, telles que l'urticaire, l'érythème papuleux et marginé, l'herpès, l'eczéma. Ces affections appartiennent à la maladie constitutionnelle ou diathésique, origine de la métrite. Celles-ci et celles-là sont l'expression morbide d'une même maladie dyscrasique. Aussi voyez-vous ces éruptions occuper en même temps la peau et les muqueuses pharyngée, laryngée, vaginale et même utérine, ou bien les voyez-vous alterner entre elles, occuper par exemple la muqueuse vulvo-vaginale, puis disparaître, pour se produire sur la muqueuse pharyngée ou sur la peau. J'ai vu de nombreux cas de cette alternance; de même que bien souvent j'ai constaté une exacerbation de la métrite coïncidant avec la cessation brusque d'une éruption cutanée et muqueuse semblant indiquer une évolution éruptive sur la muqueuse utérine.

Les phénomènes morbides qui se produisent du côté du système nerveux pendant l'évolution de la métrite sont tantôt l'expression réflexe de l'affection utérine sur les différents organes, les différents systèmes, tantôt la conséquence de la chloro-anémie, compagne fréquemment assidue des lésions utérines. Ces phénomènes sont extrêmement fréquents et des plus variables. Il ne saurait en être autrement lorsqu'on envisage la sympathie étroite qui lie l'utérus aux principaux organes. Ces troubles impriment à la métrite une modalité clinique des plus intéressantes, et il est à remarquer qu'ils se montrent aussi bien dans la forme torpide que dans la forme irritable.

Vous dirai-je, Messieurs, un mot de la pathogénie de ces accidents. Je ne crois pas à la nécessité de cette étude, très intéressante il est vrai, mais dont la place est marquée surtout dans un ouvrage didactique. Du reste aujourd'hui les travaux de Vulpian, de Dickinson ont élucidé en partie la question des accidents dits réflexes. En effet nous connaissons mieux le rapport étroit que présentent les excitations nerveuses périphériques avec certains troubles moteurs, sensitifs et trophiques, ressortissant de l'axe spinal. Nous savons qu'une irritation même peu profonde, portant sur les extrémités nerveuses, retentit sur la moelle épinière, y développe des lésions profondes ou même de simples perturbations fonctionnelles, capables de produire des phénomènes morbides généraux ou locaux, paralytiques, convulsifs, anesthésiques ou hyperesthésiques. Nous savons aussi que cette irritation périphérique peut avoir son point de départ non seulement sur les nerfs des membres ou du tronc, mais encore sur les filets nerveux des nerfs splanchniques. Ne voyons-nous pas, en effet, des paralysies survenir à la suite de lavages irritants de la plèvre, à la suite de troubles divers ayant leur origine dans les voies digestives, etc., etc., tout aussi bien que nous voyons des parésies motrices, des troubles de la sensibilité générale, survenir à la suite d'une irritation périphérique due à un traumatisme quelconque? Eh bien! c'est à un processus analogue qu'il faut rattacher tous les troubles sympathiques des affections utérines.

Ces troubles nerveux sont, ai-je dit, nombreux et variés. Ils consistent tantôt dans des névralgies, tantôt dans des parésies motrices, tantôt dans des convulsions, des spasmes, des contractures, tantôt enfin dans des vésanies.

Les névralgies sont fréquentes. Non seulement elles affectent les nerfs du petit bassin, mais encore les nerfs plus ou moins éloignés de l'organe malade. C'est ainsi qu'on observe souvent la névralgie intercostale, siégeant de préférence au niveau du rebord des fausses côtes et des attaches musculaires du côté gauche; la névralgie sous-orbitaire, temporale et pariétale, se présentant sous forme de sensation douloureuse, fixe, térébrante (clou hystérique de Sydenham). Ces névralgies offrent cette particularité intéressante de revenir à chaque époque menstruelle, tantôt avant, tantôt pendant l'écoulement, moins souvent après la cessation des règles. Vous retrouverez la même particularité pour les névralgies qui surviennent sur d'autres parties du corps, notamment pour la névralgie mammaire qui s'accompagne de tuméfaction, d'éréthisme de l'organe (sein hystérique). Cette névralgie présente parfois un caractère térébrant tel que les malades sont effrayées à la possibilité d'un cancer au sein.

Je ne veux pas insister sur les névralgies iliaques, crurales, iléo-lombaires qui accompagnent fréquemment, ai-je dit, la métrite chronique; sur le développement subit, instantané de ces névralgies qui, pour les névralgies iléo-lombaires est parfois tellement intense, tellement douloureux qu'il fait croire à des accidents péritonitiques de la plus haute gravité, d'autant plus que ces douleurs s'accompagnent de sensibilité extrême du ventre, de tympanisme, de constipation opiniâtre, de vomissements glaireux, poracés, d'anxiété extrême; mais comme la température du corps reste normale, que le médecin constate les points spéciaux de la névralgie, le diagnostic est promptement établi. Ce que je désire, c'est appeler votre attention sur le développement possible d'une éruption de zona qui, partie de la région lombaire, arrive à l'aine et à la face interne des cuisses. Mon collègue et ami le docteur Letulle a publié à ce sujet, dans la *France médicale* de 1881, un travail des plus intéressants où, à l'exemple du professeur Parrot, il établit le lien qui rattache le zona du plexus lombaire aux affections chroniques de l'utérus.

Je ne veux pas terminer ces considérations des plus succinctes sur les névralgies sans vous signaler la névralgie de la branche clitoridienne du nerf honteux interne émanant, vous le savez, du plexus sacré, névralgie que je n'avais pas encore observée et dont je viens de constater l'existence chez une jeune femme atteinte de métrite chronique à la suite d'un accouchement assez difficile. Cette névralgie affecte tout l'organe clitoridien; elle est pourtant plus marquée dans la moitié gauche; elle est excessivement pénible, douloureuse; la malade croit que la région se déchire. Elle revient deux à trois fois par jour, et dure chaque fois deux à quatre et cinq minutes.

Des névralgies réflexes de la métrite chronique, je rapprocherai la migraine, migraine utérine, plus fréquente qu'on ne le croit et dont j'observe tous les jours de nombreux exemples. Cette migraine coïncide surtout avec l'apparition des menstrues, persiste pendant leur durée, cesse avec elles, parfois pourtant persiste un ou deux jours encore. Elle s'accompagne du syndrome habituel qui la caractérise : vomissements, douleurs oculaires, etc., etc. Pour bien montrer son origine, elle diminue d'intensité, elle disparaît à mesure que l'affection utérine s'améliore, se guérit.

Bien souvent avec les névralgies ou en dehors d'elles, vous constaterez l'anesthésie cutanée, même alors que la malade ne présentera aucun phénomène morbide appartenant à l'hystérie.

Vous constaterez encore un phénomène morbide des plus intéressants : le prurit cutané qui se montre en dehors de toute affection de la peau. Ce prurit est généralisé ou localisé. Parfois il se montre sur la vulve, en dehors de toute lésion de la muqueuse vulvaire.

Avec ces phénomènes morbides ou en dehors d'eux vous en observerez de très curieux à étudier et que je ne puis que signaler ici. Tels sont les spasmes laryngiens (aphonie et toux utérine), bronchiques (asthme utérin), qui se montrent surtout à l'approche des époques menstruelles ou bien à la suite d'émotions morales tristes ou joyeuses. Telles sont les affections de la vue (amaurose, asthénopie), de l'ouïe (surdité).

Du côté du système musculaire, outre les parésies motrices, les convulsions, les contractures ne sont pas rares dans le cours de la métrite. J'ai signalé avec les auteurs l'hémichorée, l'épilepsie, l'hystéro-épilepsie. La métrite guérie, tous ces accidents s'éteignent.

J'en dirai autant des vésanies qui accompagnent si fréquemment la métrite chronique et qui consistent soit dans des délires partiels, dans des hallucinations de l'ouïe, de la vue, du toucher même, dans des illusions, soit dans un délire maniaque ; allant l'un et l'autre jusqu'à la persécution, au suicide. Tous ces phénomènes ont été étudiés dans mon *Traité clinique des affections de l'Utérus,* je ne puis insister. Je dirai seulement qu'ainsi que tous les phénomènes sympathiques, ils s'atténuent et disparaissent à mesure que l'amélioration, la guérison de la métrite s'accentuent.

Une question intéressante à divers titres se présente ici : quelle est la relation entre l'hystérie et l'organe utéro-ovarien ? Je vous renvoie à ce que j'en ai dit dans mes travaux antérieurs, parce que la reprendre à nouveau serait par trop sortir de mes études actuelles, la thérapeutique de la métrite ; toutefois il sera utile de s'en souvenir, car l'hystérie imprime à la métrite une modalité clinique telle qu'elle constitue une indication thérapeutique que le médecin ne doit pas oublier.

Enfin j'appellerai votre attention sur un phénomène sympathique rencontré par plusieurs auteurs pendant l'évolution de la métrite, je veux parler du gonflement de la glande thyroïde, du goître et même du goître exophthalmique. Le docteur Rey a surtout bien étudié cette relation dans sa thèse, intitulée : *De la Cachexie exophthalmique dans ses rapports avec les affections utérines.* Depuis lors un certain nombre d'observations ont paru dans la presse médicale française et étrangère.

A ces trois ordres de symptômes vient s'en ajouter un quatrième comprenant ceux des maladies dyscrasiques, constitutionnelles ou diathésiques, dont la métrite n'est qu'une manifestation, au même titre, que les manifestations cutanées, muqueuses et organiques de ces mêmes maladies constitutionnelles. Aussi le médecin doit rechercher avec la plus grande attention les symptômes de la scrofule, de l'arthritis, de l'herpétis, de la chlorose, de la syphilis, de la tuberculose. Je ne les décrits pas actuellement, puisque je dois les signaler à propos du diagnostic nosologique, et que je les ai longuement étudiés dans mon *Traité clinique des affections de l'Utérus.*

CINQUIÈME LEÇON

SOMMAIRE. — Pathogénie de la métrite : fréquence, âge ; la métrite est une affection et non une maladie.—
Classification de la métrite : deux classes : 1° métrite constitutionnelle ; 2° métrite traumatique. La métrite
constitutionnelle est protopathique, secondaire ou deutéropathique. — Ses origines : scrofules ; arthritis ;
herpétis ; chlorose ; syphilis ; tuberculose ; ces maladies dyscrasiques jouent le rôle des causes prédisposantes locales ; les autres sont traumatiques. Parmi les premières : menstruation ; grossesse ; accouchement ; travail involutif ; non-allaitement ; ménopause. Parmi les deuxièmes : coït ; masturbation ;
saphisme ; équitation ; danse ; injections vaginales ; blennorrhagie, etc., etc., et tous les traumatismes
utérins. — Métrite traumatique : toujours primitive, du même ordre que les causes prédisposantes
locales de la métrite constitutionnelle.

Messieurs,

La métrite est une affection excessivement fréquente ; elle est un
élément considérable dans la vie pathologique de la femme. Si je considère un seul instant les fonctions importantes dévolues à l'appareil utérin,
menstruation, grossesse, accouchement ; le rôle qu'il joue dans l'organisme ; si à ces considérations pathogéniques prédisposantes, j'ajoute celles
qui sont d'origine dyscrasique et traumatique, on comprend facilement
que l'utérus soit si souvent lésé, que bien peu de femmes échappent à une
affection utérine. Aussi ne doit-on pas s'étonner que cet organe ne soit pas
seulement atteint alors qu'il est en pleine évolution, en pleine activité
génitale, mais encore alors qu'il est endormi, qu'il est dans l'inactivité ou
qu'il est tombé dans le calme, dans le repos. Il s'ensuit que la métrite se
montre à tout âge, aussi bien chez l'enfant, chez la femme âgée que chez
l'adulte ; qu'elle survient chez la femme vierge, n'ayant pas de rapports
sexuels aussi bien que chez la femme dont les fonctions sexuelles sont les
plus actives. A tous ces titres donc, je le répète, la métrite est des plus
fréquentes et mérite l'attention du médecin qui doit faire tous ses efforts
non seulement pour en prévenir le développement mais encore pour la
guérir.

Quelles sont donc les causes de la métrite ?

Tout d'abord il faut savoir que la métrite est non pas une maladie mais
une affection, au même titre que les affections laryngées, pharyngées,
bronchiques, gastro-intestinales sont des affections des muqueuses, du
larynx, du pharynx, des bronches, du tube digestif. Je n'ai pas besoin de
développer à nouveau les considérations que j'ai fait valoir dans mon
Traité clinique des affections utérines à l'appui de cette doctrine médicale.

Il me suffit de vous dire que cette question de pathologie générale est des plus importantes pour la thérapeutique, puisqu'elle établit de suite que la métrite n'est pas seulement, ainsi que le prétendent la plupart des gynécologues, une maladie locale, provenant d'une action locale, mais encore une affection qui, comme toutes les affections des organes, se développe sous l'influence d'une dyscrasie, d'une cause générale; qu'à ce titre, comme toutes les affections, elle peut être la manifestation primitive ou secondaire, protopathique ou deutéropathique d'une maladie générale constitutionnelle ou diathésique; d'où il s'ensuit que la thérapeutique de la métrite ne consiste pas seulement dans le traitement local, ainsi que vous le voyez faire trop souvent, mais encore dans le traitement de la maladie dyscrasique, dans le traitement hygiénique qui n'est autre que le traitement préventif.

De ces considérations il résulte que la métrite reconnaît deux ordres de causes, les unes locales, les autres générales. J'ajoute qu'elle relève plus souvent d'une cause générale que d'une cause locale; qu'elle est plus souvent la manifestation d'une maladie générale, d'une maladie dyscrasique, constitutionnelle ou diathésique, telle que la scrofule, l'arthritis, l'herpétis, la chlorose, la syphilis, la tuberculose, le cancer que le résultat d'un traumatisme, d'une perturbation physiologique. En effet, que le médecin veuille bien se rendre compte des faits, et il verra que bien souvent la cause locale n'agit qu'en provoquant la manifestation de la maladie constitutionnelle. La métrite qui survient après l'accouchement et dont la cause a été attribuée par la plupart des gynécologues à l'arrêt du travail involutif, n'est-elle pas, en effet toujours, ou presque toujours le résultat d'une manifestation dyscrasique? La métrite des jeunes filles n'est-elle pas le résultat d'une manifestation dyscrasique due à l'instauration menstruelle? La métrite des jeunes mariées n'est-elle pas le plus souvent le réveil de la métrite du jeune âge par le fait balistique des premiers rapports sexuels? Je me borne à ces quelques exemples dont je pourrais augmenter l'énumération; ils me suffisent à prouver que cette pathogénie de la métrite est exacte et indiscutable. Du reste, les milliers d'observations que j'ai recueillies et que je recueille tous les jours ne laissent aucun doute à cet égard.

Ces deux ordres de causes me permettent d'établir deux classes de métrite : 1º la métrite constitutionnelle; 2º la métrite traumatique. Je n'ai pas besoin de rappeler que, dans ces leçons, je laisse de côté la métrite puerpérale, la métrite infectieuse.

La métrite constitutionnelle est primitive, protopathique ou secondaire, deutéropathique. Dans le premier cas, elle se développe d'emblée. La sclérose périvasculaire, l'artério-sclérose qui en est le substratum se développe primitivement, ainsi que nous le voyons pour les autres organes, alors qu'elle a pour origine une maladie dyscrasique, telle par exemple que l'arthritis, la syphilis. Aussi son développement est lent, continu et progressif. La vitalité et la structure de l'organe se modifient peu à peu. Dans le deuxième cas, par suite d'un trouble physiologique dans les fonctions utérines, par suite d'une cause traumatique, la manifestation dyscrasique survient sur l'organe excité, irrité; le développement est plus rapide, plus subit, tout en conservant le type continu et progressif. A une cause prédisposante générale se joint une cause déterminante. C'est à bien limiter ce qui appartient à l'une ou à l'autre que le médecin doit s'appliquer pour établir sa thérapeutique.

La métrite constitutionnelle diathésique est d'origine scrofuleuse, arthritique, herpétique, chlorotique, syphilitique, tuberculeuse ou cancéreuse.

Dans mon *Traité clinique des affections utérines*, j'ai étudié le développement, l'évolution de cette métrite ; je n'insiste donc pas. J'aurai du reste à revenir sur ce point à propos de la modalité clinique imprimée à l'inflammation utérine par la maladie générale dyscrasique, et des indications qui en résultent pour la thérapeutique. Dans cette étude rapide de la pathogénie de la métrite, il me suffit de vous dire que la métrite scrofuleuse est la plus fréquente des métrites diathésiques ; qu'elle existe fréquemment avec la vaginite, la vulvite, surtout chez les enfants ; que la métrite arthritique est de même assez fréquente ; qu'elle se montre de même à tous les âges et qu'on l'observe, ainsi que la précédente, aussi bien avant l'instauration qu'après l'instauration menstruelle ; que la métrite herpétique est beaucoup plus rare, se montre pendant l'âge adulte et parfois après la ménopause ; que la métrite chlorotique n'est pas aussi fréquente que pourrait le faire supposer la fréquence de la chlorose ; qu'elle est bien souvent confondue avec les deux premières, puisque, ainsi que celles-ci, elle se montre de préférence chez la jeune fille, mais seulement après l'instauration.

Quant à la métrite syphilitique elle me paraît des plus rares, si j'en juge mon observation. En effet, j'en suis encore à me demander si j'ai observé un cas de métrite syphilitique, c'est-à-dire une inflammation utérine due à la dyscrasie syphilitique. Je ne nie pas que cette dyscrasie ne puisse produire sur l'utérus une artério-sclérose analogue à celle qu'elle développe sur les autres organes : reins, foie, poumon, système cérébro-spinal, etc., etc. ; je crois même que, chez certaines femmes syphilitiques non traitées, il en est ainsi ; mais, je le répète, je ne crois pas avoir observé de cas bien probants. Il n'en est pas de même des manifestations syphilitiques utérines que j'observe en assez grand nombre, telles que chancre syphilitique, syphilides érosives, papulo-érosives, ulcéreuses mêmes. Le syphilome gommeux a été, je crois, signalé ; je ne l'ai jamais observé. Ces manifestations syphilitiques sont superficielles ; elles guérissent facilement, même alors qu'elles sont anciennes, et je ne les ai jamais vues s'accompagner des lésions caractéristiques de la métrite. Mais si l'action directe de la syphilis sur l'utérus est rare, il n'en est pas de même de son action sur le développement d'une métrite d'une toute autre nature. Rien, en effet, n'est plus commun que de voir, sous l'influence de cette maladie constitutionnelle infectieuse, se développer des manifestations diathésiques, scrofuleuses, arthritiques, et parfois même tuberculeuses, cancéreuses. Ces manifestations jusqu'alors latentes se réveillent par le fait de la syphilis et assez souvent j'ai vu se développer chez une femme syphilitique une métrite scrofuleuse, une métrite arthritique. Ces faits s'observent surtout dans la pratique civile ; à l'hôpital ils sont plus rares ; ils sont même difficiles à élucider, parce que toutes les femmes, sinon toutes, sont atteintes, du moins à l'hôpital de Lourcine, d'une métrite préexistante à la contagion syphilitique de plusieurs mois, parfois de plusieurs années.

Quant à l'origine tuberculeuse de la métrite, les faits aujourd'hui sont nombreux et ne laissent aucun doute sur l'existence de la métrite tuberculeuse, ainsi que je l'ai établi dans mon *Traité clinique*. Elle survient à tous les âges, mais principalement chez l'enfant et chez l'adulte. Elle se développe d'emblée; elle est protopathique; elle est la première manifestation de la diathèse tuberculeuse; ou bien elle est deutéropathique; elle survient alors que les manifestations tuberculeuses existent sur d'autres organes, poumons et surtout péritoine.

Une question intéressante se présente : la métrite tuberculeuse peut-elle résulter de la contagion et est-elle contagieuse? A propos de la vulvite tuberculeuse, j'ai essayé, l'année dernière, d'élucider ces différents points; je ne reviens pas sur les arguments que j'ai fait valoir alors et qui s'appliquent aussi bien à la métrite qu'à la vulvite, à la vaginite. Je dirai seulement que, depuis la découverte du bacille tuberculeux, on ne peut mettre en doute et le développement de la métrite par contagion tuberculeuse et la transmissibilité de cette affection par contagion pendant le coït. Si ces faits ne sont pas encore admis, il faut en accuser la difficulté d'observations et l'indifférence des médecins à se livrer à ces recherches qui sont, il est vrai, très délicates et très minutieuses. Mis une fois sur cette voie, le clinicien, j'en suis persuadé, arrivera très facilement à reconnaître l'exactitude de la pathogénie de la métrite tuberculeuse.

La métrite constitutionnelle est, ai-je dit, souvent deutéropathique; son développement est sollicité par une foule de circonstances dont les unes appartiennent aux fonctions de l'utérus, à la situation que cet organe occupe dans le petit bassin, dont les autres sont d'ordre purement physique, traumatique même. Donc deux ordres de causes : les unes prédisposantes locales; les autres traumatiques.

Dans le premier cas, vous vous rendez facilement compte de ce qui arrive si vous vous rappelez cette loi de pathologie générale : l'exagération des fonctions physiologiques d'un organe appelle sur cet organe les manifestations de la maladie constitutionnelle ou diathésique. C'est ainsi que la pharyngite, la laryngite arthritiques, scrofuleuses, etc., etc., se développent de préférence chez l'individu qui fait des efforts de voix, des excès de boissons, qui fume avec excès. Le même phénomène a lieu pour l'utérus. Comment en serait-il autrement alors que cet organe possède des fonctions physiologiques aussi importantes?

Au moment où la menstruation s'établit, se développe, l'utérus se congestionne fortement. La circulation utéro-ovarienne s'active, et tous les mois, à partir de ce moment, la menstruation s'accompagne d'une profonde modification de la circulation et de la vitalité des éléments. Aussi voyez-vous chez la jeune fille, la métrite constitutionnelle débuter souvent avec l'instauration menstruelle.

La grossesse amène des perturbations bien plus accentuées encore. La congestion est énorme, tous les éléments s'hypertrophient, et l'accouchement, même le plus normal, produit des contusions, des déchirures, et une plaie placentaire qui sont plus que suffisantes pour faire éclater la métrite constitutionnelle.

Lorsque ces fonctions physiologiques s'accomplissent régulièrement, l'utérus peut échapper et échappe souvent à l'inflammation. Mais que la femme commette une imprudence au moment de la période menstruelle, et surtout après l'accouchement, que les règles soient supprimées brusque-

ment, que l'involution utérine ne soit pas achevée, l'utérus reste congestionné, l'inflammation se développe. Aussi ne sauriez-vous trop recommander à une femme, atteinte d'une maladie constitutionnelle ou diathésique, de prendre, pendant la période menstruelle, les plus grandes précautions, d'observer scrupuleusement l'écoulement sanguin, d'en noter
les plus légères modifications. Vous ne sauriez trop recommander de même
à la nouvelle accouchée de garder un repos complet pendant tout le temps
que dure le travail d'involution de l'utérus, c'est-à-dire pendant six à
sept semaines au moins. Rien n'est plus dangereux de limiter à neuf
jours, suivant l'habitude populaire, la durée du repos que les femmes
prennent après leur accouchement.

Si les simples fonctions physiologiques suffisent pour produire le développement de la métrite constitutionnelle, à plus forte raison cette inflammation se développe, s'il survient après l'accouchement des accidents
divers, tels que rétention du placenta, suppression des lochies, inflammation de la plaie placentaire, ou si l'accouchement a nécessité des opérations obstétricales (version, forceps).

La situation déclive de l'utérus en le prédisposant aux congestions est encore une cause favorable au développement de la métrite constitutionnelle.

Les gynécologues ont prétendu que la métrite était liée à l'ovulation,
que les troubles ovariques étaient une des grandes causes de la métrite.
Je ne puis accepter cette opinion. Pour moi les troubles utéro-ovariens
sont comme la métrite sous l'influence de l'état diathésique. La preuve en
est dans la métrite qui se développe chez l'enfant, chez la jeune fille avant
la menstruation, alors qu'il n'y a pas encore trace d'ovulation. Le plus
souvent alors, la scrofule, l'arthritis, la chlorose sont les causes générales
qu'il faut invoquer. Aussi méfiez-vous des faits où l'on vous dit que la
métrite amène la chlorose à sa suite. Pour être dans le vrai il faut renverser cette proposition. Elle produit de l'anémie mais non la chlorose.
Sous l'influence de cette maladie générale, l'artério-sclérose survient, des
altérations de circulation, de nutrition se produisent et la métrite se développe. Vous observez la même action que pour les autres maladies générales constitutionnelles.

Le *non allaitement* agit de même comme cause déterminant l'explosion
de la maladie constitutionnelle, en produisant sur l'utérus une congestion
compensatrice, une sorte de métastase.

Vous retrouvez là l'artério-sclérose avec les altérations de circulation, de
nutrition que je rencontre avant tout comme cause déterminante locale de
la métrite constitutionnelle deutéropathique, et que nous retrouvons encore
dans les diverses circonstances étiologiques invoquées par les auteurs.

C'est ainsi qu'au nombre des causes de la métrite, ils attribuent un
certain rôle au célibat, aux désirs sexuels non satisfaits, à la lecture de
certains livres érotiques, etc. Vous serez dans le vrai, si, à l'encontre de
ces gynécologues, vous tenez compte surtout de la masturbation, du
saphisme, qui sont alors si fréquemment pratiqués. Ces manœuvres soli-
taires ou pratiquées en commun congestionnent l'utérus et provoquent
l'appel sur l'utérus de la maladie générale, en même temps qu'elles agissent sur la nutrition, sur le système nerveux. La métrite de l'enfant, de la
jeune fille, de la femme vierge, ne reconnaît pas le plus ordinairement une
autre origine.

C'est à la même action congestive de l'utérus qu'il faut attribuer la nocivité des exercices violents tels que l'équitation, la danse, l'usage des souliers, des bottines à talons élevés produisant une projection du corps en avant, le travail à l'aide des machines à coudre, les efforts faits pour soulever des fardeaux, etc., etc. Les excès de coït (à part la balistique) n'agissent pas d'une autre manière. Ils produisent une congestion utérine plus ou moins intense, qui, si elle persiste, finit par faire éclore une métrite constitutionnelle. C'est ainsi qu'il faut expliquer la métrite, si fréquente au début du mariage. Seulement, dans ce cas, aux congestions répétées produites par le coït, il faut ajouter le traumatisme, résultat bien souvent de la disproportion des organes sexuels ou d'une ardeur exagérée. C'est encore à cette cause traumatique que vous devrez avoir recours pour expliquer, après le mariage, l'explosion subite de la métrite constitutionnelle existant pour ainsi dire à l'état latent chez la jeune fille avant son mariage.

Pratiqué pendant les règles, le coït, sauf le cas de traumatisme, n'agit pas d'une autre manière. Il active la congestion utérine, réveille l'état constitutionnel et la métrite survient. Il en est de même lorsqu'il est pratiqué trop tôt après l'accouchement.

Les causes traumatiques les plus variées, corps étrangers du vagin, chutes, violences, blessures de l'hypogastre, opérations chirurgicales diverses, développent aussi la métrite constitutionnelle. C'est dans le même ordre d'idées qu'il faut incriminer les injections vaginales, telles que les femmes les pratiquent journellement sur le bidet avec un injecteur ; qu'il faut incriminer les douches locales, ascendantes, vaginales ou rectales. Dans ces conditions, en effet, le jet dirigé sur le col utérin ou sur les parois vaginales, sur les culs-de-sac vaginaux, sur le cul-de-sac péritonéal, contusionne l'organe, le congestionne et appelle sur lui la maladie constitutionnelle. Aussi les médecins doivent proscrire les injections, surtout les douches ascendantes, et les remplacer par les irrigations faibles données avec l'irrigateur, les femmes étant dans le décubitus dorsal. Mais si ces causes sont pernicieuses en tant qu'elles produisent dans certains cas la métrite constitutionnelle et même non constitutionnelle, elles le sont encore plus, ainsi que je le montrerai, alors que la métrite existe.

Ainsi donc, Messieurs, toute cause provoquant la congestion utérine, la congestion pelvienne, est suffisante pour produire la métrite constitutionnelle par son appel de la maladie générale diathésique. Que cette congestion résulte d'un trouble de l'un des actes physiologiques du système utéro-ovarien, d'un traumatisme quelconque, même le plus léger, tel qu'un simple refroidissement, ou d'une inflammation de voisinage, telle que la vaginite blennorrhagique, l'effet est le même, la métrite constitutionnelle se développe. C'est à cette même pathogénie, aux troubles fonctionnels utérins qu'il faut attribuer la métrite constitutionnelle survenue chez les femmes dont le nervosisme est des plus prononcés : ici le nervosisme est la cause et non l'effet de l'inflammation utérine.

Mais, Messieurs, si j'admets que le plus ordinairement la métrite se produit sous l'influence d'une maladie générale constitutionnelle ou diathésique, spontanément ou consécutivement, et cela parce que les faits, recueillis soit dans ma clientèle, soit dans le service de la clinique gynécologique de l'hôpital de Lourcine, le prouvent d'une manière indiscutable, il n'est pas moins vrai aussi que je considère la métrite comme se développant par le fait d'un traumatisme, en dehors de tout état constitutionnel. Dans ce cas, la métrite est vraiment traumatique, et, je le dis tout de suite, sa guérison est plus facile à obtenir que celle de la métrite constitutionnelle.

Les causes de cette métrite sont celles que je viens de passer en revue à propos de la métrite constitutionnelle deutéropathique. Quelques-unes cependant sont plus communes et se rencontrent plus fréquemment. C'est ainsi que les accouchements répétés, la lacération du col pendant l'accouchement, et par suite l'arrêt de l'involution utérine, les excès de coït, les contusions de l'utérus pendant le coït (métrite par balistique), les opérations pratiquées sur le corps ou sur le col utérin, les douches ascendantes vaginales ou rectales, les injections trop fortes, les cautérisations du col, l'emploi des redresseurs utérins, les chutes sur l'abdomen, le périnée, l'hypogastre, etc., doivent être surtout incriminés.

Je ne vous parle pas de l'influence des affections péri-utérines sur le développement de la métrite. J'ai démontré, en effet, avec pièce à l'appui, que ces affections sont toujours consécutives à la métrite, et qu'elles sont produites par l'adéno-lymphite. J'en dirai de même des déviations utérines qui, hors le cas de traumatisme, sont le fait de la métrite.

SIXIÈME ET SEPTIÈME LEÇONS

SOMMAIRE. — *Diagnostic :* Considérations générales. Triple diagnostic : diagnostic de la lésion ou diagnostic anatomique ; diagnostic de la cause ou diagnostic pathogénique ; diagnostic de la nature de l'affection ou diagnostic nosologique. — 4° Y a-t-il métrite? diagnostic avec la grossesse ; l'hypertrophie générale de l'utérus; corps fibreux ; cancer ; ovarite ; hématocèle rétro-utérine. — Diagnostic de la modalité anatomique; rétrécissement des orifices, des granulations, des végétations, des ulcérations des déviations, des complications de l'adéno-lymphite. — 2° Diagnostic pathogénique. La métrite est-elle protopathique ou deutéropathique? — 3° Diagnostic nosologique. — *Pronostic :* Variable suivant le diagnostic.

Messieurs,

Le diagnostic de la métrite comporte la solution des trois problèmes suivants : Y a-t-il métrite? quelle en est la cause? quelle est la maladie dyscrasique, constitutionnelle ou diathésique sous l'influence de laquelle elle s'est développée? Cette solution est nécessaire pour jeter les bases d'une thérapeutique raisonnée et efficace.

Y a-t-il métrite? quelle en est l'évolution? La métrite est-elle aiguë, subaiguë ou chronique? Telles sont les premières questions auxquelles le médecin doit tout d'abord répondre. En effet, quelques affections utérines, telles que l'hypertrophie, les tumeurs fibreuses, les polypes, quelques affections péri-utérines, telles que l'ovarite, l'hématocèle péri-utérine peuvent être confondues avec la métrite.

Quant au diagnostic avec certaines lésions utérines, telles que la fluxion, la congestion, l'engorgement, l'induration, les déviations, étudiées par la plupart des gynécologues, je n'en parle pas, puisque ces différents états constituent pour moi des phases différentes de l'évolution inflammatoire, n'en sont que la conséquence. J'en dirai autant du diagnostic avec la pelvi-péritonite, le phlegmon péri-utérin, la péri-métrite, le phlegmon du ligament large qui, ai-je dit, sont la conséquence de l'adéno-lymphite et ne sont que des lésions résultant de l'extension inflammatoire des vaisseaux et ganglions lymphatiques aux tissus voisins, tout comme nous voyons dans les adénites sous-maxillaires, axillaires, inguinales, dans les lymphangites des membres, l'inflammation s'étendre au tissu cellulaire environnant.

De même je ne ferai pas le diagnostic de la métrite avec le catarrhe utérin, la leucorrhée, la métrorrhagie, l'aménorrhée, la dysménorrhée, l'hydrométrie, puisque ces phénomènes morbides appartiennent en propre à la métrite, qu'ils en constituent des modalités symptomatiques variables, au même titre que les précédentes lésions en sont des modalités anatomiques variables : celles-ci, pas plus que celles-là ne constituent des entités morbides, ainsi que le disent encore la plupart des gynécologues, surtout les gynécologues étrangers.

La réponse à cette question : Y a-t-il métrite ? est le plus souvent facile. Il suffit pour établir le diagnostic anatomique de rechercher avec soin, à l'aide du toucher, du spéculum, de la thermométrie, du cathétérisme utérin, les lésions constantes, caractéristiques de cette affection, telles que l'augmentation du volume de l'utérus, l'adéno-lymphite, la desquamation épithéliale, l'hypertrophie folliculaire, et d'en rapprocher les symptômes fonctionnels : pesanteur utérine, douleurs lombaires, iliaques, leucorrhée, troubles menstruels. Ces mêmes procédés d'exploration permettent d'établir l'existence des différentes modalités anatomiques : ulcérations, hypertrophie scléreuse, rétrécissement des orifices, végétations intra-utérines, déviations, extension de l'adéno-lymphite aux tissus voisins : d'où périadénite, adéno-pelvi-péritonite. Ils permettent enfin d'établir la lésion originelle de la dysménorrhée, de la leucorrhée purulente, des ménorrhagies et des métrorrhagies.

L'examen au microscope du liquide leucorrhéique, des produits expulsés par l'utérus complète le diagnostic anatomique, en permettant de remonter à l'origine de la leucorrhée et des produits expulsés en tant que caduque, fausse membrane ou simplement caillots sanguins.

En un mot, pour établir le diagnostic anatomique, le médecin se base sur les lésions produites par l'inflammation utérine, sur les signes physiques qui en résultent, sur les troubles fonctionnels qui en découlent. Il ne saurait oublier les troubles sympathiques ou réflexes qui impriment à la métrite, au point de vue symptomatique, une modalité très variée.

En procédant ainsi, le médecin est assuré de poser toujours ce diagnostic et de reconnaître non seulement l'existence de la métrite mais encore la modalité anatomique.

Je reconnais cependant que certaines hésitations peuvent se produire tout d'abord, alors qu'il s'agit de différencier la métrite chronique notamment de la grossesse au début, de l'hypertrophie totale de l'utérus, alors surtout que celle-ci affecte la forme fibro-myomateuse, des tumeurs fibreuses, des polypes fibro-muqueux. En effet, dans ces différents cas, le médecin constate l'augmentation du volume de l'utérus, la pesanteur pelvienne, les douleurs lombaires, iliaques, iléo-lombaires, les troubles fonctionnels : leucorrhée, troubles menstruels ; les symptômes généraux et sympathiques, etc., etc. Mais l'hésitation sera de courte durée. En effet, dans la grossesse, le volume de l'utérus augmentant d'une semaine à l'autre lève tous les doutes et permet d'affirmer l'existence de cette dernière alors qu'elle est au début ; car, après le quatrième mois, le diagnostic ne présente aucune difficulté.

L'hypertrophie totale de l'utérus, surtout dans sa forme fibro-myomateuse, présente de nombreux points de ressemblance avec la métrite chronique végétante.

C'est ainsi qu'on constate une augmentation du volume de l'utérus, des troubles fonctionnels, tels que la ménorrhagie ; des phénomènes morbides variés, tels que pesanteur pelvienne, douleurs lombaires, etc., etc. Mais lorsqu'on étudie attentivement cette affection, on voit que l'augmentation du volume de l'utérus est uniforme, qu'elle porte aussi bien sur le corps que sur le col, alors qu'elle débute ; plus tard, si le corps prend un accroissement plus considérable que le col, celui-ci n'en présente pas moins un développement exagéré. En outre, la métrorrhagie qui se montre à l'époque des règles est accompagnée d'un malaise général, d'un affaiblissement extrême, et, fait caractéristique de cette affection, ainsi que l'a dit Tillaux, l'utérus diminue de volume au point que parfois cet organe dont la présence était parfaitement constatable à travers les parois abdominales est très difficile à trouver par la palpation abdominale. La métrorrhagie dure pendant plusieurs jours, six, huit, dix jours et même plus. Une fois qu'elle a cessé, la santé devient plus satisfaisante. En même temps l'utérus augmente de volume, devient de plus en plus appréciable à travers les parois abdominales. Son volume est tel, dit Tillaux, que la tumeur qu'il forme, atteint et dépasse parfois l'ombilic.

Ce phénomène de retrait et de dilatation de l'utérus, je le dis en passant, trouve son explication dans la multiplicité des canaux vasculaires, dans la dilatation de plusieurs d'entre eux, lésions caractéristiques de cette variété de l'hypertrophie utérine analogue à la structure du tissu spongieux.

La constatation de ces deux phénomènes établit le diagnostic entre ces deux affections. Je n'insiste pas sur le cathétérisme utérin qui, en permettant de constater l'état des parois internes de l'utérus, lisse dans l'hypertrophie, rugueux dans la métrite végétante, l'augmentation plus considérable du diamètre longitudinal dans l'hypertrophie que dans la métrite, fait ressortir les dissemblances entre ces deux affections.

Les corps fibreux (myômes utérins), les polypes fibreux, se présentent avec des caractères tels que le diagnostic avec la métrite chronique est des plus faciles. La palpation abdominale, le toucher vaginal et rectal permettent, en effet, de reconnaître l'irrégularité, l'inégalité, la dureté des parois utérines. Le cathétérisme utérin dans le myôme fait constater la déformation subie par la cavité utérine, la difficulté de pénétrer dans cette cavité, alors qu'il y a polype.

Le cancer utérin (forme squirrheuse) au début est, de toutes les affections utérines, le plus difficile à différencier de la métrite chronique. En effet, même dureté du tissu utérin, même pesanteur pelvienne, même leucorrhée, même ménorrhagie. Pourtant, prévenu de cette difficulté, le médecin établit ce diagnostic, en se rappelant que l'adéno-lymphite existe toujours dans la métrite, qu'elle ne se montre que plus tard dans l'évolution du cancer utérin. Je place en première ligne cette lésion, parce que bien souvent elle seule m'a permis de poser le diagnostic de métrite chronique chez des malades sur le point de subir l'hystérectomie pour une affection cancéreuse qui n'existait pas.

L'évolution ultérieure m'a démontré la réalité de mon diagnostic. Aussi, Messieurs, ne saurais-je trop vous recommander de vous appliquer à bien reconnaître l'adéno-lymphite et pour cela, à vous habituer au toucher vagino-utérin et rectal. En même temps, dans le cancer, le toucher fait reconnaître sur le col des bosselures irrégulières, résistantes, souvent superficielles, placées sous la muqueuse plutôt que dans l'épaisseur du tissu, séparées les unes des autres, non par des sillons cicatriciels, comme dans la métrite chronique des femmes ayant eu un ou plusieurs enfants, mais bien par des portions de muqueuse saine. Au spéculum, ces bosselures sont par-

fois pâles et blafardes, souvent violacées et quelquefois entourées d'une
auréole de capillaires formant à leur périphérie une riche arborisation.
Enfin la leucorrhée d'abord séreuse, inodore, devient bientôt séro-sangui-
nolente, sanieuse, à odeur fade, fétide; les hémorrhagies qui se montraient
d'abord pendant les règles, qui en augmentaient la durée et l'abondance,
surviennent bientôt en dehors des époques menstruelles. Je ne parle pas
des douleurs atroces, lancinantes du cancer qui surviennent à la dernière
période de l'affection et qui sont dues aux compressions nerveuses, aux
complications, ainsi que de l'émaciation qui arrive peu à peu.

A cette période, le diagnostic ne laisse aucun doute. Quant à l'épithé-
lioma végétant ou ulcéreux du col, son diagnostic est des plus faciles, vous
ne le confondrez jamais avec la métrite fongueuse et ulcérée du col; aussi
je n'insiste pas.

L'ovarite, par ses caractères d'acuité, peut tout d'abord être confondue
avec une métrite aiguë. Même état fébrile avec frissons; mêmes troubles
digestifs : anorexie, vomissements; mêmes troubles de l'excrétion urinaire et de la défécation; mêmes douleurs pelviennes intenses, mêmes
douleurs abdominales; même tympanisme. Mais les signes objectifs fournis
par le palper abdominal, par le toucher, sont bien différents. C'est ainsi
que, par le palper abdominal, la douleur de l'ovarite se fait surtout sentir
au niveau de l'ovaire, c'est-à-dire à l'intersection de deux lignes, l'une
horizontale, passant par l'épine iliaque antérieure et supérieure, l'autre
verticale, descendant de la partie latérale de l'épigastre; en même temps
les doigts ont la sensation d'une tuméfaction limitée. Par le toucher vaginal
et rectal, sur les côtés ou en arrière de l'utérus, on constate la présence
d'une tumeur tantôt sphérique, tantôt bombée, bosselée, douloureuse à la
pression; tumeur d'autant plus appréciable qu'elle sera légèrement refoulée
dans le petit bassin par la palpation abdominale.

Quant à l'hématocèle rétro-utérine, son début et son développement
rapides, la tumeur qui la constitue et qui déplace l'utérus en le portant le
plus souvent en haut et en avant, derrière le pubis, tout en l'immobili-
sant, en rendent le diagnostic facile; aussi je n'insiste pas.

De même je n'insiste pas sur le diagnostic différentiel entre les névralgies lombo-abdominales, iliaques, utérines et la métrite. Je me borne à
mentionner ces affections dont le siège limité à un côté peut en imposer
pour la douleur de l'adéno-lymphite, mais dont le toucher vaginal révèle
aussitôt la nature.

Mais, Messieurs, il ne suffit pas de dire : il existe une métrite, une métrite
aiguë, ou chronique; le médecin doit compléter son diagnostic anatomique, et pour cela établir les différentes modalités anatomiques que j'ai
signalées et qui appartiennent, ai-je dit, aux lésions variables de l'inflammation utérine. C'est ainsi qu'il doit s'enquérir de l'état des orifices du
col, de l'état de la muqueuse utérine, de la direction de l'utérus; il
doit, en un mot, savoir si les orifices sont rétrécis, si la muqueuse est
parsemée de granulations, de végétations, si elle est exfoliée, ulcérée; si
l'utérus est dévié suivant sa direction ou suivant son axe, s'il est en antéversion, en rétroversion, en latéro-version, ou bien en antéflexion, en
rétroflexion, en latéro-flexion.

Le médecin n'oubliera pas surtout d'établir exactement si l'inflamma-

3

tion lymphatique est compliquée d'une inflammation du tissu cellulaire voisin ou de la séreuse péritonéale. Cette constatation est des plus essentielles, car l'adéno-lymphite péri-utérine joue un rôle considérable dans les indications et les contre-indications de la thérapeutique des lésions.

Enfin le diagnostic de la métrite est complété par la recherche des phénomènes sympathiques qui, ai-je dit, donnent à l'inflammation utérine une physionomie particulière, une modalité spéciale, et deviennent la source de nouvelles indications thérapeutiques que le médecin ne doit ni ignorer ni négliger, s'il veut en obtenir la guérison.

Le toucher vaginal et rectal, le cathétérisme utérin, l'examen au spéculum, font reconnaître les modalités anatomiques; l'examen microscopique des liquides utérins, des produits expulsés renseignent sur leur origine. Quant à l'origine des phénomènes sympathiques, l'étude clinique des différents organes permet de leur donner leur véritable signification.

Je ne puis que vous donner ces indications générales de la diagnose de la métrite. Dans mon *Traité clinique des affections de l'Utérus* j'ai donné à ce diagnostic tout le développement qu'il comporte.

Mon étude de l'anatomie pathologique et de la symptomatologie suffit pour vous mettre à même de faire ce diagnostic sur lequel je reviendrai du reste à propos de la thérapeutique que comporte chacune de ces modalités.

Le diagnostic de la métrite et de ses modalités anatomiques étant posé, le médecin recherche la cause de l'inflammation utérine; il procède au diagnostic pathogénique.

Ce diagnostic est surtout important pour le pronostic et les indications thérapeutiques. Il n'est pas indifférent, en effet, de savoir si la métrite est protopathique ou deutéropathique; si elle est traumatique ou spécifique; si elle a pour origine une perturbation physiologique de l'organe.

Toutes ces circonstances étiologiques impriment, en effet, à la métrite une évolution particulière, une modalité clinique variable dont l'appréciation est des plus utiles pour établir le pronostic et la thérapeutique. C'est ainsi, par exemple, que la métrite primitive, que la métrite traumatique ont une évolution plus rapide que la métrite secondaire; que la métrite constitutionnelle présente des récidives plus nombreuses que la métrite non constitutionnelle; que la métrite par contagion, que la métrite traumatique nécessitent une thérapeutique moins variée que la métrite constitutionnelle, car, pour celle-ci, le médecin doit non seulement s'adresser à la thérapeutique des maladies dyscrasiques, mais encore, il doit faire tous ses efforts pour prévenir leur manifestation sur l'utérus. Il doit prémunir la malade contre toutes les causes qui, par leur action excitante, peuvent non seulement produire l'inflammation utérine, mais encore les rechutes et retarder indéfiniment la guérison.

C'est parce que les gynécologues ne tiennent pas assez de compte du diagnostic pathogénique, qu'ils échouent si souvent dans le traitement de la métrite chronique et qu'ils sont portés à considérer cette affection comme incurable. Un exemple entre tous vous montrera l'importance de ce diagnostic. Prenez une femme atteinte d'une métrite dyscrasique développée secondairement sous l'influence d'une irritation quelconque; que le médecin, ainsi qu'il arrive constamment, institue un traitement local soit par des médicaments irritants ou astringents portés sur le col; soit par des procédés balnéaires : injections, douches vaginales, anales ou abdominales; soit par l'usage d'une eau minérale, ce traitement irritera constamment l'utérus, provoquera incessamment de nouvelles manifestations constitutionnelles et la métrite persistera, augmentera même. J'ai choisi cet exemple, Messieurs, parce que je l'ai tous les jours sous les yeux ; parce que, tous les jours, je suis consulté par des femmes atteintes de métrite depuis plusieurs mois, plusieurs années même, ayant résisté aux traitements les plus divers et toujours institués en ne tenant aucun compte et des lésions et de la cause pathogénique. Aussi cette métrite non seulement ne guérit pas, mais encore elle s'aggrave de jour en jour, subit la transformation scléreuse, et l'adéno-lymphite se complique d'une phlegmasie cellulaire ou péritonéale.

Le diagnostic pathogénique est donc des plus importants ; malheureusement il est hérissé de plus d'une difficulté, parce que le médecin, dans bien des cas, ne peut saisir le début de la métrite, remonter à sa cause. La femme, atteinte de métrite, sciemment ou inconsciemment le plus souvent, ne consulte pas son médecin ; elle n'ose pas se plaindre. Elle retarde, elle temporise, jusqu'au moment où, poussée à bout par la souffrance ou par le chagrin de ne pas avoir d'enfants, elle se décide à lui confier son secret ; souvent même, elle consulte un médecin qu'elle ne connaît pas, afin de ne pas mettre son médecin habituel dans la confidence de ses souffrances, ou bien elle consulte une sage-femme. Il en résulte, qu'après tous ces délais, tous ces retards, l'affection utérine a pris un développement considérable ; que certaines lésions du début, caractéristiques de l'origine, ont disparu ; que le médecin, non prévenu, laisse échapper les antécédents pathologiques et héréditaires de la malade, et qu'il lui est difficile, par suite, d'établir la cause originelle d'une affection qu'il croit récente et qui remonte, en réalité, à plusieurs mois, à plusieurs années. Ces faits s'observent chez les jeunes mariées dont le développement de la métrite date souvent de l'instauration menstruelle ; ils s'observent alors que la métrite est dyscrasique, constitutionnelle ou diathésique. Aussi, Messieurs, ne saurais-je trop vous répéter de procéder à l'examen d'une femme atteinte de métrite avec la même rigueur, la même minutie que pour une affection pulmonaire, hépatique, cardiaque, nerveuse, etc., etc. Votre examen doit être complet ; aucun organe ne doit être négligé. Vous devez aussi vous enquérir avec soin de l'hygiène de votre malade, connaître le procédé de sa toilette intime, si elle use notamment des injections vaginales dont le rôle est si considérable dans le développement de la métrite constitutionnelle. Aucune des causes déterminantes et traumatiques que j'ai signalées ne doit être laissée de côté, car de leur connaissance se déduisent l'époque du début, l'évolution de l'inflammation utérine, si nécessaires pour asseoir sur des bases solides la thérapeutique pathogénique.

Le diagnostic pathogénique de la métrite se complète par le diagnostic nosologique, c'est-à-dire par le diagnostic de la maladie dyscrasique, constitutionnelle ou diathésique, qui tient sous sa dépendance l'affection utérine.

Ce diagnostic se base, d'une part, sur les caractères généraux de chacune des maladies dyscrasiques ; d'autre part, sur quelques lésions spéciales à telle ou telle métrite constitutionnelle. Malheureusement, je le dis de suite, la coïncidence fréquente sur le même sujet de plusieurs maladies constitutionnelles contribue souvent à rendre le diagnostic sinon obscur, du moins d'une réelle difficulté ; aussi le médecin doit exercer toute sa sagacité à discerner ce qui appartient à l'une et à l'autre. C'est ainsi qu'il rapprochera certains symptômes, certaines lésions anatomiques des phénomènes généraux présentés par la malade.

La métrite scrofuleuse, par exemple, se reconnaît aux caractères suivants : l'écoulement leucorrhéique est abondant, tenace, avec tendance à la purulence ; les tissus utérins, muqueux et parenchyme, sont épaissis, mollasses ; l'adéno-lymphite est peu douloureuse, quelquefois complètement indolore ; les ganglions sont nombreux et se rencontrent sous le vagin, dans les culs-de-sac et sur les parois du bassin. Parmi les lésions variables, on observe plus spécialement les granulations du col, de la muqueuse ; elles sont larges, aplaties, saignant facilement ; les ulcérations sont fongueuses, irrégulières, phagédéniques, végétantes ; les végétations sont volumineuses, verruqueuses et souvent polypeuses. Toutes ces lésions ont une coloration terne, blafarde, livide ou violacée. Un autre caractère de cette métrite est la torpidité ; les lésions évoluent, en effet, le plus ordinairement sourdement, sans éveiller la réaction si fréquente dans les autres métrites constitutionnelles.

Avec ces lésions vous constatez chez la malade tous les attributs de la scrofule, tels que la coloration rosée de la face, la mollesse des tissus, la langueur du regard, la longueur des cils (beauté scrofuleuse); vous constatez l'épaississement de la lèvre supérieure, une certaine dépression des forces, l'apathie, la concomittance ou les traces des affections tégumentaires ou muqueuses de la scrofule, les inflammations catarrhales et chroniques de la muqueuse nasale, des arrière-narines, du pharynx, du voile du palais, des amygdales, l'otite, la conjonctivite et la kératite, les cicatrices indélébiles de l'adénite sous-maxillaire ou cervicale suppurée, les altérations dentaires, consistant dans des sillons longitudinaux plus ou moins profonds, dans des cupules, des encoches, etc., etc.

La métrite arthritique se présente avec des caractères cliniques tout opposés. Ainsi les lésions sont superficielles, mobiles, instables ; elles affectent plutôt la muqueuse que le parenchyme ; les granulations sont nombreuses, petites, miliaires ; la leucorrhée est peu abondante ; la ménorrhagie est fréquente ; l'adéno-lymphite péri-utérine est caractérisée par un ou deux ganglions, très douloureux, se compliquant fréquemment d'inflammation cellulaire, péritonéale, arrivant rarement à la suppuration, à moins d'un traitement intempestif ou irritant. Les lésions de la métrite arthritique sont influencées par la température, l'humidité, le froid, fait caractéristique du reste de toute affection arthritique; aussi voyez-vous les femmes atteintes de cette métrite accuser des douleurs plus intenses, des troubles fonctionnels plus accentués toutes les fois qu'un changement brusque de température survient.

La métrite arthritique, en outre, se déclare souvent et s'exaspère sous l'influence d'une poussée rhumatismale cutanée, muqueuse, articulaire ou musculaire ; parfois elle apparaît alors que ces divers accidents disparaissent, affectant ce balancement, cette alternance si caractéristiques entre les diverses manifestations d'une même maladie constitutionnelle.

En même temps que la métrite arthritique, on constate souvent sur la vulve, sur le vagin, les manifestations de l'arthritisme. Cette métrite est, en effet, accompagnée presque toujours d'une vulvo-vaginite arthritique, érythémateuse, eczémateuse. Dans un cas j'ai observé l'urticaire de ces muqueuses.

Les femmes arthritiques présentent les attributs de cette maladie dyscrasique : coloration vive, teinte bleuâtre de la peau, capillaires cutanés apparents ; transpiration facile ; tendance à l'obésité ; hémorrhoïdes ; urines rouges acides, contenant de l'acide urique, des urates. Enfin, fréquemment on constate chez elles des affections cutanées : eczéma, urticaire, furoncles ; des myosalgies, des arthralgies.

La métrite herpétique se caractérise par des lésions superficielles, tenaces, rebelles, récidivant avec la plus grande facilité, coïncidant avec des manifestations de même nature sur les muqueuses : pharyngée, laryngée, bronchique et vulvo-vaginale. L'adéno-lymphite, comme celle de la métrite précédente, se complique facilement d'inflammation du tissu cellulaire, du péritoine ; la suppuration est des plus rares. Celle-ci survient surtout dans l'adéno-lymphite de la métrite scrofuleuse, de la métrite traumatique, de la métrite infectieuse. C'est un fait intéressant à retenir au point de vue du pronostic.

La métrite chlorotique se caractérise par la décoloration des tissus utérins, la leucorrhée abondante, la torpidité des lésions utérines et de l'adéno-lymphite, et surtout par les symptômes généraux de la chlorose : teinte pâle avec reflet verdâtre de la peau, décoloration des muqueuses, flaccidité des chairs, essoufflement facile, palpitations, phénomènes nerveux divers, quelquefois migraine. Le diagnostic de la métrite chlorotique est des plus importants chez la jeune fille, car trop souvent on méconnaît cette affection pour attribuer les accidents utérins : leucorrhée, menstruation difficile, douloureuse, écoulement de sang peu abondant ou très abondant, de peu de durée, un à deux jours ou durant plusieurs jours, cinq, six, sept et huit jours, à la seule altération du sang. On dirige tout le traitement contre cette altération et on néglige la lésion vraie, la lésion utérine, cause et seule cause des troubles fonctionnels utérins.

La métrite syphilitique est difficile à reconnaître parce que, d'une part, les lésions ne sont pas très connues, et que, d'autre part, il est très fréquent de trouver chez la femme syphilitique une métrite qui reconnaît une toute autre cause que la syphilis. En effet, ai-je dit, la syphilis agit sur l'utérus de deux manières : ou bien en déterminant l'artério-sclérose et les lésions de structure qui en sont la conséquence, ou bien en éveillant les manifestations d'une maladie constitutionnelle jusqu'ici latente, en développant par exemple une métrite scrofuleuse, une métrite arthritique et même une métrite tuberculeuse. Il est donc difficile de faire la part de l'une et de l'autre. Il n'y a que le cas où la femme, n'ayant jamais éprouvé d'accidents utérins, ne présentant aucuns des phénomènes généraux caractérisant les autres maladies constitutionnelles, sera atteinte d'une métrite pendant l'évolution syphilitique, que nous serons en droit de considérer celle-ci comme étant d'origine syphilitique. Nous pourrons d'autant mieux le faire, si cette métrite se caractérise par une dureté exceptionnelle du tissu utérin, par une sclérose rapide du parenchyme avec augmentation du volume de l'organe à laquelle succèdera en très peu de temps, un à deux mois au plus, une diminution de l'organe, une atrophie. Nous pourrons d'autant mieux l'admettre que ces lésions disparaîtront rapidement sous l'influence du traitement syphilitique, surtout sous l'influence des injections hypodermiques de la solution de peptone hydrargyrique, qui, vous le constatez tous les jours dans mon service, constituent le traitement le plus rapide, le plus efficace des manifestations syphilitiques. Mais, je le répète, ces cas sont excessivement rares ; aussi soupçonne-t-on plus souvent la métrite syphilitique qu'on n'en porte le diagnostic.

Les accidents syphilitiques du col sont ici laissés de côté, puisque je l'ai dit et je le répète, ils ne donnent jamais lieu à la métrite.

Le diagnostic de la métrite tuberculeuse présente certaines difficultés qui aujourd'hui disparaissent par la découverte du bacille de Koch. En effet, lui seul permet de trancher la question si souvent débattue de la métrite chez la femme tuberculeuse et de la métrite réellement tuberculeuse. Ces deux affections n'ont, en effet, rien de commun. Tandis que la première a été regardée comme des plus fréquentes, la deuxième, la métrite tuberculeuse, était considérée comme une rareté. Il est possible que le jour où le médecin recherchera dans tous les cas de métrite le bacille tuberculeux, la métrite tuberculeuse soit plus fréquente qu'on ne l'a admis, et qu'au contraire la métrite traumatique, chez la femme tuberculeuse, soit excessivement rare. Cette recherche doit toujours être faite parce qu'il est important de savoir si la contagion tuberculeuse par les voies urinaires et génitales n'est pas plus commune qu'on ne l'a admis jusqu'à ce jour.

Cette métrite, au moins dans les cas que j'ai observés, est caractérisée par deux lésions ; d'abord le tubercule qui, sous forme de grains grisâtres, parsème la muqueuse du col et du vagin, puis par l'adéno-lymphite qui se montre sous forme de petits nodules ganglionnaires excessivement multipliés et peu douloureux sous la muqueuse vaginale, autour de l'utérus, sur les parois du petit bassin et sur le sacrum.

Quant à la métrite blennorrhagique, ainsi que je l'ai dit dans mes leçons sur la blennorrhagie, le diagnostic est des plus faciles. Outre l'acidité du pus utérin, la recherche du gonococcus blennorrhagique montre la nature infectieuse de cette métrite. Aussi je n'insiste pas.

Telles sont, Messieurs, les modalités cliniques qui vous permettent d'établir le diagnostic nosologique de la métrite.

Quelques mots seulement sur le pronostic vous mettront à même de juger de la gravité de la métrite et de la nécessité pour le médecin de traiter efficacement cette affection.

La métrite, sauf le cas de la puerpéralité et du traumatisme par instruments plus ou moins acérés, n'est pas une affection qui menace directement la vie de la femme ; la mort en est rarement la conséquence. Mais c'est une affection grave, parce qu'elle a une tendance à durer indéfiniment, qu'elle donne lieu à des phénomènes sympathiques plus ou moins intenses, qu'elle perturbe plus ou moins profondément tout l'organisme, surtout les fonctions physiologiques de l'utérus ; qu'elle est une cause fréquente de la stérilité. A ce seul titre elle joue un grand rôle dans l'état social de la femme, de la famille. Il importe donc au médecin d'asseoir sur des bases précises le pronostic de la métrite. Le triple diagnostic qu'il porte les lui donne et lui permet de dire quelle sera l'évolution de cette affection.

Aucun des éléments que j'ai mis en relief à propos de l'anatomie pathologique, de la symptomatologie et de la pathogénie ne doit être négligé. Ce n'est qu'après les avoir analysés avec le plus grand soin que le médecin peut en apprécier toute la valeur pronostique qui, vous le comprenez, est des plus variables suivant la lésion, suivant la modalité clinique, suivant l'origine.

D'après tout ce que j'ai dit, vous appréciez, en effet, que le rétrécissement des orifices, surtout de l'interne, avec toutes ses conséquences, offre une gravité plus grande que l'ulcération, que les végétations intra-utérines, que les déviations ; que ces lésions sont plus ou moins graves suivant leur intensité, suivant leur étendue ; que les déviations notamment sont plus ou moins sérieuses, suivant qu'elles sont plus ou moins réductibles. Vous savez aussi que l'adéno-lymphite simple offre moins de gravité que celle qui est compliquée de phlegmon, de péritonite.

Au point de vue de la nature de la métrite, il est bien évident que la métrite balistique, non dyscrasique, est moins sérieuse que la métrite constitutionnelle, parce qu'elle n'est pas sujette aux récidives fréquentes qui caractérisent la dernière. Vous savez aussi que la métrite dyscrasique deutéropathique est moins grave que la métrite constitutionnelle protopathique, parce que les lésions sont moins prononcées, que le médecin peut avoir une action sur les causes et que le traitement est plus efficace. Vous savez, enfin, que, parmi les métrites dyscrasiques, les unes offrent moins de gravité que les autres, que la métrite arthritique, par exemple, est plus bénigne que la métrite tuberculeuse. Je me borne, Messieurs, à ces quelques exemples, qui vous montrent les éléments du problème que vous avez à résoudre pour établir votre thérapeutique sur des bases nettes et précises.

HUITIÈME ET NEUVIÈME LEÇONS

SOMMAIRE : Thérapeutique de la métrite. Considérations générales. — Physiologie pathologique de l'inflammation utérine. Traitement local ou des lésions. Traitement pathogénique. Traitement nosologique. — Considérations thérapeutiques basées sur l'existence de l'adéno-lymphite utérine et péri-utérine : 1° Traitement local : a Métrite aiguë. Médication antiphlogistique. Médication révulsive. b Métrite chronique : Médication antiphlogistique, révulsive, résolutive.

Messieurs,

L'étude synthétique des lésions, des symptômes et des causes de la métrite vous met à même d'apprécier la thérapeutique de cette affection, vous guide dans le choix des moyens si variés qu'elle comporte.

La thérapeutique, pour être réellement efficace, doit correspondre au triple diagnostic de la métrite. Le traitement de la lésion ou traitement local varie suivant le diagnostic anatomique; le traitement pathogénique qui a pour but d'écarter, de supprimer toutes les circonstances qui favorisent, qui provoquent l'inflammation utérine, est en rapport avec le diagnostic pathogénique; le traitement nosologique s'adresse à la maladie dyscrasique, à la maladie constitutionnelle ou diathésique, sous l'influence de laquelle évolue la métrite; il correspond au diagnostic nosologique. Si à toutes ces indications thérapeutiques, vous ajoutez celles basées sur la modalité clinique de l'affection, sur son irritabilité ou sur sa torpidité, vous êtes assurés que l'inflammation utérine, quel que soit son degré, n'est plus rebelle à vos efforts; que la guérison en est la conséquence, et vous direz avec moi que la métrite n'est pas incurable, ainsi que les gynécologues l'ont prétendu. Mais, sachez-le, pour arriver à ce résultat, il faut de la persévérance, aussi bien de votre part que de votre malade, car il s'agit d'un traitement de longue durée. On l'a dit avec raison : à une affection chronique, à évolution lente et progressive, il faut un traitement progressif et continu.

Quel est le traitement local, le traitement des lésions de la métrite? Ce traitement, si nous consultons les ouvrages des gynécologues, ne serait ni simple ni facile. Nous voyons figurer en effet presque toute la matière médicale et une foule de procédés qui tour à tour ont été mis en œuvre pour arriver au but désiré : la guérison de la métrite. Il en résulte que le médecin ne sait à quel procédé, à quel médicament s'adresser lorsqu'il veut traiter localement l'inflammation utérine. Cette médication variée tient à ce que les médecins ont négligé totalement la physiologie pathologique des lésions. S'ils l'avaient prise pour base, ils n'auraient pas été conduits à préconiser telle ou telle médication, tel ou tel procédé opératoire; ils auraient compris que les lésions si diverses de la métrite dérivent toutes de l'inflammation et qu'à ce titre elles comportent, tout d'abord, l'indication de traiter celle-ci, puis celles-là. Ils auraient ainsi établi deux médications : l'une se basant sur la physiologie pathologique de l'inflammation; l'autre ayant pour objet les lésions qui résultent de l'organisation des exsudats inflammatoires. De cette manière, au lieu de faire une thérapeutique empirique, ainsi qu'on le voit trop souvent encore, ils auraient institué une thérapeutique sur des bases fixes et inébranlables; ils auraient institué une médication synthétique, s'adressant à l'inflammation ; une médication analytique s'adressant aux lésions et par conséquent aussi variée que celles-ci. Tout le succès de la thérapeutique locale de la métrite repose en effet sur ces deux indications : 1° traiter la lésion inflammatoire ; 2° traiter les lésions consécutives à l'inflammation.

Pour répondre à la première indication, le médecin se guide sur la physiologie de l'inflammation qui est pour l'utérus, nous l'avons vu à propos de l'anatomie pathologique, analogue à celle des autres organes.

Que nous apprend-t-elle? A l'état physiologique, vous le savez, la cellule subit un mouvement incessant d'assimilation et de désassimilation, et puise dans les liquides sanguins et lymphatiques qui la baignent les éléments de ce travail de nutrition. Sous les influences irritatives et morbides la cellule s'altère, se développe souvent outre mesure, les éléments lymphatiques et sanguins apportent à ce processus des éléments nombreux d'activité. Au bout d'un certain temps, le plus souvent assez court, cette activité pathologique cesse et les éléments anormaux ainsi produits, disparaissent peu à peu. Cette résorption se produit de trois façons : tantôt les produits lymphatiques, non encore bien organisés, sont repris par la circulation lymphatique; tantôt les nouveaux éléments produits subissent des transformations granulo-graisseuses, et c'est à cet état granulo-moléculaire que se fait la résorption; tantôt enfin c'est l'élément fibreux qui vient, en se substituant aux produits de néoformation, étouffer ces derniers et arrêter leurs progrès régressifs.

Ce résumé, que j'emprunte à mon ami et collègue Dujardin-Beaumetz, montre la conduite que le médecin doit tenir dans le traitement local de l'inflammation utérine, qui est constituée, ai-je dit, par l'exsudation des cellules lymphoïdes, la prolifération cellulaire, la transformation scléreuse de tous ces produits.

S'appliquer à modérer le travail exsudatif, à modifier la circulation sanguine et lymphatique, à activer la résorption des néoplasies inflammatoires, tel doit être l'objectif du gynécologue.

Tout d'abord la médication dite antiphlogistique, puis la médication dite résolutive, seront mises en œuvre pour répondre à ces diverses indications.

Mais avant de faire l'étude de ces diverses médications, il est un aphorisme que, depuis 1877, je place en tête du traitement local de la métrite et que je dois vous rappeler parce qu'il me semble méconnu de la plupart des gynécologues. Cet aphorisme est le suivant : Eviter dans le traitement local de la métrite tout moyen thérapeutique susceptible d'exciter l'inflammation lymphatique utérine et péri-utérine ; s'abstenir de toute manipulation ou opération tant que cette inflammation persiste.

L'adéno-lymphite utérine et péri-utérine, ainsi que je l'ai dit et je ne saurais trop le redire, est l'origine de toutes les complications dites péri-utérines, décrites par les auteurs sous le nom de phlegmon péri-utérin, de phlegmon du ligament large, de péri-métrite, de pelvi-péritonite.—Or, comme cette lésion du système lymphatique est adéquate à la métrite, qu'elle diminue ou augmente suivant que l'inflammation utérine diminue ou augmente, qu'elle persiste alors même que la métrite est guérie, il s'ensuit que toute cause ayant pour effet d'augmenter l'inflammation utérine accroît d'autant l'inflammation lymphatique et expose la malade aux complications de cette dernière. La clinique montre tous les jours la relation intime qui unit ces deux lésions, l'influence réciproque de l'une sur l'autre. Aussi le médecin ne saurait trop apporter son attention alors qu'il examine une femme, alors qu'il institue le traitement local de la métrite. C'est parce que les gynécologues ignoraient cette relation, c'est parce que la plupart d'entre eux l'ignorent encore, que les recueils médicaux font mention de nombreux accidents survenus à la suite d'explorations, d'opérations sur l'utérus, et que tous les jours je suis à même de constater les complications graves survenues pendant le traitement de la métrite et parfois la mort des malades.

Il suffit d'observer les faits si nombreux, si variés du service de Lourcine, pour reconnaître que les accidents péri-utérins sont bien le résultat de l'adéno-lymphite. Il suffit en effet d'observer telle ou telle malade atteinte d'une métrite avec adéno-lymphite droite par exemple, qui, le lendemain d'une de mes conférences où le toucher vaginal a été pratiqué par plusieurs assistants, présente une adéno-lymphite gauche, parfois une péri-adénite et dans quelques cas une pelvi-péritonite ; il suffit d'observer une femme qui, sous l'influence d'une excitation vénérienne, d'un attouchement manuel, éprouve une recrudescence de la métrite et par suite de l'adéno-pelvi-péritonite ; il suffit enfin de voir une femme qui, par suite du coït, du saphisme, d'une injection vaginale, d'une douche ascendante, d'une cautérisation, présente les accidents péri-utérins les plus sérieux, pour s'assurer que telle est bien la pathogénie des accidents dits péri-utérins. Il en est de même à la suite de l'application de l'électricité sur l'utérus, de pessaires, du massage utérin.

La connaissance de tous ces faits vous donne, ainsi que je le dis depuis plusieurs années dans mes conférences cliniques journalières, ainsi que je l'ai dit au Congrès de Copenhague en 1884, l'explication des accidents péri-utérins, de la mort même, signalés par tous les auteurs comme étant survenus à la suite des plus simples manipulations, telles que le toucher, l'application du spéculum ; à la suite des opérations les plus simples, telles que les cautérisations au nitrate d'argent, à la teinture d'iode, telles que les injections vaginales, les douches abdominales, vaginales ou ascendantes ; et à plus forte raison à la suite d'opérations plus sérieuses, telles que la cautérisation à l'acide nitrique, au nitrate acide de mercure, au fer rouge, les scarifications du col, l'ignipuncture, le cathétérisme utérin, les injections et cautérisations intra-utérines, l'incision des orifices utérins, la dilatation du col et des orifices, brusque ou progressive, le redressement brusque de l'utérus au moyen du redresseur ou simplement à l'aide des doigts, de pessaires, l'ablation de polypes, etc., etc.

Ces accidents prouvent donc que l'utérus, si souvent traité et si mal traité, exige que les manipulations les plus simples aussi bien que les opérations les plus compliquées, tout en étant faites avec le plus grand soin, avec la plus grande douceur, obéissent à des indications et des contre-indications que le médecin doit toujours résoudre avant d'entreprendre le traitement de la métrite, et cela aussi bien pour le traitement local que pour le traitement général, pour le traitement hydro-minéral. Ces indications et contre-indications reposent, je le répète, sur l'existence de l'adéno-lymphite qui, tant qu'elle est aiguë, subaiguë et parfois même chronique, qu'elle se complique surtout de phlegmon ou de pelvi-péritonite, doit être pour le médecin la règle absolue de rejeter toute intervention active. C'est parce que je me conforme toujours à ces indications thérapeutiques que je n'ai jamais eu, alors même que j'interviens énergiquement, à regretter aucun accident. Je vous conseille donc de suivre mon exemple; et je vous répète : ne négligez jamais d'examiner avec douceur et lenteur tout l'appareil génital avant de procéder au traitement local dont il me reste à vous exposer les diverses méthodes.

Je n'ai pas la prétention, Messieurs, en abordant le traitement local de la métrite, de passer en revue tout l'arsenal thérapeutique qui a été et qui est journellement employé. Je vous renvoie à mon traité de gynécologie, si vous voulez des détails. Aujourd'hui, mon désir est de vous signaler les médications qui me paraissent les plus efficaces par l'usage que j'en ai fait depuis 1877 sur plusieurs milliers de malades. Les résultats heureux que j'en ai obtenus vous sont un sûr garant de leur énergie dans le traitement des lésions de la métrite. Que la métrite soit ou non constitutionnelle, le traitement local est le même, sauf quelques rares exceptions.

Si la métrite est aiguë, faites usage d'abord des antiphlogistiques. La saignée générale est indiquée quand la métrite est traumatique et reconnaît pour cause une contusion violente (coït), des manœuvres abortives ; quand la femme est robuste, pléthorique ; quand enfin il existe une réaction fébrile intense. La saignée locale, toutefois, est le plus ordinairement employée.

Elle se pratique de quatre façons : 1° sangsues appliquées sur le col utérin dont on a préalablement obturé l'orifice; 2° application de la ventouse sur le col ; 3° scarifications du col à l'aide du bistouri, du scarificateur de Sinéty, ou du thermo-cautère; 4° tampons vaginaux imbibés de glycérine neutre. J'insiste sur ce dernier moyen qui m'a toujours donné les résultats les plus satisfaisants.

Vous connaissez les propriétés osmotiques de la glycérine. Elle décongestionne les tissus et elle donne lieu à un écoulement considérable d'un liquide séreux. Pour faire un pansement glycériné, vous composez, avec de la ouate hydrophile, un tampon du volume du doigt, de 7 à 9 centimètres de longueur, vous l'imbibez de glycérine, et après l'avoir fixé à un fil destiné à le retirer, vous l'introduisez dans le vagin à l'aide du spéculum Ferguson et des pinces à pansements. Vous le disposez de façon à entourer le col utérin et à réduire la déviation existante. Il doit rester en place durant dix-huit à vingt heures. Rapidement, un liquide séreux commence à s'écouler. Son abondance peut être telle que la malade est obligée de changer plusieurs fois de linge. Cet écoulement persiste alors même que le tampon a été enlevé. C'est ce qu'on a appelé la *saignée blanche*. Il faut recommencer tous les jours tant que la congestion utérine persiste, que l'utérus est volumineux, que le tissu utérin reste dur. Vous appréciez l'action antiphlogistique de la glycérine par la disparition de la douleur lombaire, de la pesanteur du bas-ventre. Par suite de cette action, la circulation utérine devient plus active, le mouvement d'assimilation et de désassimilation se prononce, la résorption des produits lymphoïdes s'accentue, la transformation scléreuse s'arrête et la lymphangite se résout.

Les émollients trouvent souvent leur emploi. Je donne la préférence aux cataplasmes vaginaux, formés avec le fucus vésiculosus. La malade découpe le cataplasme en fragments. Elle en met un dans un peu d'eau très chaude, de façon à le ramollir et à le rendre visqueux. Elle l'enroule et le place dans le vagin. Elle le retire au bout de cinq heures et se fait une irrigation vaginale d'eau de pavot. Ces cataplasmes ne sont supportables que si l'adéno-lymphite n'est pas très douloureuse. Si la douleur est intense, il vaut mieux avoir recours à des fomentations, à des fumigations. La malade s'introduit ma canule vaginale qui, vous le savez, a la forme d'une petite éprouvette parsemée d'orifices. On place dans un vase surmonté d'un entonnoir une décoction bouillante de guimauve et de pavot, et on adapte l'extrémité de l'entonnoir à la canule vaginale, de façon que la vapeur qui se dégage vient baigner l'utérus et les parois vaginales.
Je conseille aussi les irrigations émollientes faites pendant le décubitus dorsal, en recommandant d'ouvrir à peine le robinet de l'irrigateur, afin d'éviter le jet du liquide qui est toujours dangereux par la contusion de l'utérus. C'est pour cette raison que j'ai absolument proscrit les injections vaginales, et que je recommande aux femmes de faire toujours leur toilette intime en se plaçant dans le décubitus dorsal, de se servir d'un irrigateur et de ne jamais employer les injecteurs que les fabricants s'ingénient tous les jours à confectionner. Je conseille les bains généraux ou de siège, auxquels je fais ajouter un demi-kilogramme d'amidon, ou, s'il y a une douleur, une décoction d'un kilogramme de graines de lin et de six pavots. Ces différentes décoctions doivent être faites séparément. On les mélange ensuite et on verse dans le bain. S'il y a une grande excitation du système nerveux, on donne un bain de tilleul. Il est bien entendu que la malade doit employer la canule vaginale dès qu'elle s'est mise au bain.

Lorsque la métrite est aiguë, très douloureuse, que l'adéno-lymphite est très intense, que le ténesme anal existe, on est obligé de recourir aux narcotiques. Dans un irrigateur rempli d'une décoction de guimauve, je fais mettre vingt gouttes de laudanum de Sydenham. Toutes les heures, la malade s'introduit dans le rectum la canule de l'irrigateur, et fait exécuter un tour seulement au robinet de l'instrument, de façon à faire pénétrer au plus dans l'intestin la valeur d'une cuillerée à bouche de liquide. Cette petite opération est, suivant les circonstances, répétée plus ou moins souvent. Elle calme très bien ces douleurs expultrices, ce ténesme, qui, si souvent, fatiguent la malade, et qui toujours reconnaissent pour cause l'adéno-lymphite et l'irritation du cul-de-sac postérieur du péritoine.

Parmi les révulsifs cutanés auxquels vous aurez recours, je place en première ligne l'essence de térébenthine. J'applique sur le ventre des compresses imbibées de cette essence. Ce moyen, préconisé par Vidal, dans les cas de péritonites puerpérales, m'a rendu les plus grands services, même alors qu'il s'agit de péritonites d'une autre origine.

Une jeune fille des environs de Soissons, atteinte d'une péritonite aiguë très grave, que je voyais en consultation avec le Dr Houzelot (de Meaux), a été guérie par l'application sur l'abdomen de compresses imbibées d'essence de térébenthine. J'ai employé ce médicament dans d'autres circonstances, que je dois aussi vous faire connaître, afin que si le malheur veut que vous vous trouviez en présence des mêmes faits que moi, vous puissiez en retirer les mêmes avantages. En 1875, pendant la petite épidémie de choléra qui se montra au mois de septembre et d'octobre, je remplaçai M. Vulpian à l'hôpital de la Pitié. J'eus à soigner plusieurs cholériques ; j'ai obtenu les meilleurs résultats de l'enveloppement des membres et du tronc de mes malades avec des bandes de flanelle imbibées d'essence de térébenthine. J'ai observé ces mêmes résultats par l'application sur l'abdomen des compresses térébenthinées, dans les fièvres typhoïdes compliquées de péritonite par propagation. Mais il faut surveiller attentivement la peau des malades, afin d'éviter la vésication.

M. Th. Anger a préconisé les applications sur le ventre de compresses imbibées d'alcool à 90°, et qu'on a exprimées légèrement. Les compresses doivent être de vieux linge, d'ouate, d'amadou, ou de tarlatane dégommée et pliée en sept ou huit doubles. On recouvre le tout avec une toile cirée ou en caoutchouc, afin d'éviter l'évaporation.

J'ai encore recours aux frictions abdominales avec l'onguent mercuriel mélangé à la belladone, suivant la formule suivante :

```
Axonge...................................... 50 grammes.
Onguent mercuriel double................... 10    —
Extrait de belladone....................... 4     —
```

Il faut surveiller la muqueuse buccale et craindre la stomatite mercurielle. Je signalerai enfin la teinture d'iode, les vésicatoires, le collodion élastique.

Schrœder, contre les violentes douleurs abdominales qui accompagnent parfois la métrite aiguë, préconise les *compresses de Priessnitz*, que l'on applique de la façon suivante : « On trempe dans l'eau fraîche un essuie-main plié en deux, on le tord de façon à ce qu'il ne dégoutte plus et on l'applique sur la peau nue de l'hypogastre, puis on l'enveloppe de toute part d'une couverture de caoutchouc ou en flanelle. La compresse humide s'échauffe à la température du corps, et reste humide pendant longtemps, attendu que l'évaporation est empêchée. Cette compresse constitue, en quelque sorte, une couverture constamment chaude et humide. »

Les révulsifs intestinaux doivent consister en laxatifs. Il faut se garder d'employer les purgatifs violents qui excitent la contractilité intestinale, produisent du ténesme et réveillent les douleurs péri-utérines ; il faut avoir recours surtout à l'huile de ricin, à la dose d'une cuillerée à café ; à une eau minérale purgative naturelle, à la dose d'un verre à bordeaux, tous les matins ou tous les trois jours, suivant l'action produite.

Lorsque la métrite aiguë, malgré le traitement, poursuit son évolution, qu'elle passe à l'état chronique, ou bien lorsqu'elle présente cet état dès le début, la médication antiphlogistique peut encore être employée et, dans ce cas, aux saignées locales, aux scarifications du col, je préfère l'application du tampon de coton hydrophile imbibé de glycérine. Ces tampons sont indiqués toutes les fois que le col de l'utérus est gros, violacé, que les tissus sont mous, pâteux, que l'adéno-lymphite est douloureuse. En même temps je prescris les irrigations vaginales avec une infusion de feuilles de myrte, à une température de 40 à 50 degrés, des bains entiers à l'eau de son tous les deux jours, avec l'emploi de la canule vaginale. Je continue, en outre, l'emploi des révulsifs cutanés et intestinaux.

Lorsque le volume du col et du corps de l'utérus restent volumineux, lorsque les tissus deviennent durs, indice de la transformation scléreuse qui débute, la médication doit être résolutive; il s'agit de produire des modifications plus ou moins intimes dans les actes de nutrition ou de dénutrition des éléments cellulaires, de favoriser leur dégénérescence granulo-graisseuse, afin de faciliter les échanges constants entre la cellule et les liquides qui l'entourent, activer la résorption des produits inflammatoires, ou bien favoriser le développement du tissu fibreux ou cicatriciel qui vient étouffer les néoplasmes morbides.

Ces effets se produisent, vous le savez, soit par l'intermédiaire du système nerveux, par les nerfs trophiques, en déterminant des modifications plus ou moins profondes dans la circulation capillaire et lympathique, soit en exerçant une action directe et destructive des tissus.

Les médicaments, dits résolutifs, ont été divisés, vous le savez, en plusieurs groupes : les fondants, les désobstruants et les résorbants ; les premiers ayant pour but d'amollir les produits morbides, les seconds ayant pour effet de rendre plus libre la circulation capillaire artérioso-veineuse ou lymphatique, les troisièmes permettant la résorption des matériaux ayant subi des modifications plus ou moins profondes. Cette division, ainsi que l'a dit Dujardin-Beaumetz, est excellente ; elle donne une explication très réelle des phénomènes physiologiques qui se passent dans les tissus morbides.

Pour obtenir ce résultat, dit l'éminent médecin de l'hôpital Cochin, les moyens thérapeutiques sont nombreux. Les uns agissent d'une façon mécanique, tels sont la compression et le massage ; les autres beaucoup plus actifs agissent surtout par révulsion.

Je ne veux pas suivre mon excellent collègue et ami dans les savantes déductions qu'il donne de la médication résolutive, il me suffit de vous en avoir donné les principes généraux et de vous montrer que cette médication, appliquée au traitement local de la métrite donne les plus sérieux résultats, alors qu'elle est employée avec discernement et en prenant pour base de ses indications l'état anatomique du tissu utérin et de l'adéno-lymphite.

C'est ainsi que l'adéno-lymphite étant douloureuse, compliquée d'inflammation cellulaire ou péritoniale, je prescris des pommades fondantes appliquées sur le col, notamment la suivante, que je porte sur le col, à l'aide de petits tampons d'ouate :

Axonge benzoïnée	50 grammes.
Huile d'amandes douces	15 —
Iodure de potassium	10 —
Extrait de belladone	4 —
Teinture de benjoin	4 —
Hyposulfite de soude	1 —

F. S. A.

Sous cette influence, une modification assez rapide se produit ; le tissu utérin devient plus souple, l'adéno-lymphite diminue, disparaît même.

Si la métrite chronique est torpide, si le travail de résorption est lent, il faut s'efforcer d'exciter la circulation locale, les mouvements nutritifs, à l'aide des irrigations sulfureuses ou à l'aide des bains sulfureux, des bains aromatiques, à l'eucalyptus, pris avec la canule vaginale ; à l'aide de frictions sèches sur tout le corps, de l'hydrothérapie ; à l'aide d'une médication générale par l'iode, la ciguë ; à l'aide d'une bonne hygiène, d'une alimentation suffisante, etc., etc.

Dans le but d'obtenir le même résultat, les médecins prescrivent les douches vaginales, les douches ascendantes, les douches abdominales. Quant à moi, je les proscris complètement du traitement local, parce que, en général, même alors qu'elles sont données avec la plus grande attention, avec la plus grande précaution par le médecin lui-même, elles dépassent le but qu'on se propose d'atteindre ; elles produisent une réaction trop vive et deviennent le point de départ d'une poussée inflammatoire accusée par l'exacerbation de l'adéno-lymphite. J'aurais de trop nombreux exemples à vous citer si je ne craignais de donner trop d'extension à ces études.

De même, les gynécologistes ont demandé ce résultat à une révulsion énergique. A cet effet ils se sont adressés tour à tour aux caustiques, tels que le chlorure de zinc, l'acide nitrique, l'acide chromique, aux scarifications du col utérin, à l'ignipuncture, à la cautérisation avec le nitrate d'argent, le nitrate acide de mercure, la teinture d'iode et le fer rouge, le thermo-cautère, le galvano-cautère. Je ne nie pas que cette médication, violemment révulsive, n'ait dans certaines circonstances son indication ; mais si j'en juge par ma pratique, et vous savez sur quel nombre de malades elle est basée, je considère que son application est rarement indiquée, car il faut pour cela que l'adéno-lymphite ait complètement disparu, sans quoi les complications les plus graves surviennent. Je n'y ai donc recours qu'au cas où l'adéno-lymphite n'existe plus, que le traitement à l'aide des résolutifs ordinaires ou des modificateurs puissants ne m'a pas donné les résultats que j'en attendais, ce qui, je le dis tout de suite, est excessivement rare.

Le traitement auquel j'ai recours de préférence, consiste dans les injections interstitielles de teinture d'iode pratiquées dans le tissu du col. A cet effet, je procède de la manière suivante : lorsque l'adéno-lymphite a disparu, que la métrite est sans réaction, sans douleurs, que la nutrition de l'organe est rétablie par suite du fonctionnement de la circulation utérine, j'injecte tous les huit jours dans l'épaisseur du tissu du col utérin cinq à huit gouttes de teinture d'iode iodurée, au moyen de la seringue de Pravaz, armée d'une longue canule à extrémité très acérée.

Je préserve le vagin de l'action de l'iode qui pourrait s'écouler pendant les manipulations, à l'aide d'un tampon de ouate, et je recommande le repos à la malade pendant plusieurs jours. Ordinairement aucun symptôme ne survient. Quelquefois la malade éprouve une douleur plus ou moins intense à l'hypogastre, des vomissements ; ces phénomènes disparaissent rapidement. Je prescris quelques cataplasmes, un ou plusieurs lavements émollients, un bain et tout rentre dans l'ordre. Je vous ai, cette année même, montré plusieurs cols utérins énormément hypertrophiés, et guéris par ce procédé d'une façon très rapide, c'est-à-dire en trois ou quatre mois.

C'est toujours dans le même but qu'on a préconisé le massage utérin, l'électricité, l'acupuncture électrolytique qui agiraient en activant la nutrition de l'organe, en facilitant la dégénérescence granulo-graisseuse et par suite l'absorption des produits épanchés. Pour ma part, j'avais pensé déjà depuis longtemps que l'on pourrait employer l'électrité comme agent chimique et modificateur des tissus. Vous savez en effet que l'action électrolytique de l'électricité agit par les décompositions chimiques des tissus ou par la coagulation directe du sang, et qu'elle modifie la nutrition intime des éléments anatomiques. Onimus a montré en outre que cette action était non seulement locale, mais générale. Me basant donc sur les résultats obtenus, j'ai recouru à ce traitement. J'ai soumis tous les jours ou tous les deux jours l'utérus à l'action des courants continus et cela pendant plusieurs mois. J'ai le regret de le dire, je n'ai obtenu aucun résultat favorable. Bien plus, dans quelques cas traités en ville par plusieurs de mes confrères, j'ai observé de graves accidents inflammatoires abdominaux, conséquence de l'adéno-lymphite existant encore à l'état subaigu; dans ces cas, malgré plusieurs applications de courants, le volume de l'utérus présentait une dimension exagérée, le tissu était dur et l'adéno-lymphite était douloureuse, compliquée de péri-adénite phlegmoneuse et même de pelvi-péritonite.

Que vous dire des moyens qu'emploient les gynécologues américains? Je veux parler de la section de la portion hypertrophiée du col avec le bistouri, l'anse galvanique, l'écraseur linéaire, ou le thermo-cautère. Ce sont des moyens qui ne m'ont jamais donné les résultats espérés et que par conséquent j'ai abandonnés; ceux que je vous ai fait connaître leur étant supérieurs.

Tel est, Messieurs, le traitement local de la métrite aiguë et chronique, constitutionnelle ou non constitutionnelle. A l'aide des médications que je viens de faire connaître, vous êtes assurés de mener à bien la guérison des lésions, en tenant compte des indications données par l'adéno-lymphite d'une part, par la torpidité ou par l'irritabilité des lésions d'autre part. Je ne reviens pas sur l'adéno-lymphite. Quant à la torpidité et à l'irritabilité, il faut en tenir grand compte. L'utérus, vous le savez, jouit de deux grandes propriétés physiologiques : la contractilité et l'irritabilité démontrées par l'expérimentation et la clinique. La contractilité vous l'observez tous les jours, alors que, sous la seule influence de l'application du spéculum, le col de l'utérus se contracte et projette par jets intermittents un liquide incolore, à la façon d'une véritable éjaculation. L'irritabilité produit ces douleurs utérines spéciales, périphériques, qui peuvent devenir très violentes. Mais cette irritabilité est aussi variable que les individus eux-mêmes, d'où il s'ensuit que le traitement actif, énergique, dans le cas de torpidité, doit être calmant, moins énergique dans le cas d'irritabilité.

Le traitement local, en outre, trouve dans le traitement général le complément de son action, de son énergie. Ce n'est qu'à l'aide de ce dernier qu'il donne de bons résultats, que la métrite soit constitutionnelle ou non constitutionnelle. Je n'insiste pas actuellement sur la médication qu'il faut employer, j'y reviendrai après l'étude thérapeutique des modalités fonctionnelles ou anatomiques de l'inflammation utérine.

DIXIÈME ET ONZIÈME LEÇONS

SOMMAIRE: — Traitement local de modalités cliniques de la métrite, *a*. leucorrhée; *b*. troubles menstruels ménorrhagie; aménorrhée; dysménorrhée fonctionnelle.

Messieurs,

Ainsi que je l'ai dit, l'inflammation utérine ne se caractérise pas seulement par des lésions constantes, mais encore par des lésions très variables qui, suivant leur prédominance, impriment à la métrite une modalité anatomique spéciale. De même les symptômes fonctionnels, tels que la leucorrhée, les troubles menstruels, les douleurs, présentent de grandes variétés et, suivant leur prédominance, lui impriment une modalité clinique spéciale. Il en résulte que la métrite offre les aspects les plus divers, les modalités cliniques les plus variées qui exigent un traitement local en rapport avec les lésions anatomiques qui les produisent.

Ce traitement spécial ne doit être appliqué qu'après s'être assuré de l'efficacité du premier, c'est-à-dire de celui se rapportant aux lésions inflammatoires. Il vous arrivera souvent de faire disparaître, rien que par le fait du traitement ordinaire, la plupart de ces modalités. Que de fois, en effet, n'ai-je pas vu la leucorrhée, la ménorrhagie, la dysménorrhée pseudo-membraneuse, les ulcérations, les granulations, les déviations, guérir par la seule médication que je viens de développer ?

Comment en serait-il autrement, puisque tous ces symptômes fonctionnels, toutes ces lésions anatomiques ne sont que la conséquence de l'inflammation utérine et ne constituent jamais, ou presque jamais, une entité morbide, ainsi que le disent la plupart des gynécologues surtout étrangers, allemands, anglais, américains ?

Aussi vous dirai-je : ne vous pressez pas, étudiez attentivement la circulation utérine, rendez-vous un compte exact de la nutrition de l'organe, commencez le traitement de la métrite suivant les préceptes ci-dessus. Vous apprécierez très vite les résultats, à l'aide du toucher, du cathétérisme utérin, et dès que vous serez convaincus que cette médication n'est plus suffisante, vous aurez recours à celle qu'il me reste à vous faire connaître. Donc en présence d'une modalité clinique quelconque le médecin traite d'abord la métrite, *cause*, la modalité, *effet*.

4

La *leucorrhée utérine*, vous le savez, résulte d'un développement plus ou moins grand des follicules de la muqueuse de l'utérus. Le liquide peut être purulent ou transparent. Peu abondante et claire, la leucorrhée guérira par le seul fait du traitement de la métrite. Purulente et fétide, elle exige une médication spéciale, qui est la cautérisation destinée à réprimer le développement folliculaire et glandulaire. Cette cautérisation porte sur la cavité du corps ou sur celle du col, suivant que l'altération folliculaire occupe le corps ou le col utérin. La cautérisation de la cavité du corps se fait à l'aide des injections intra-utérines ou des caustiques solides portés dans la cavité de l'utérus. J'emploie de préférence le nitrate d'argent, coulé sur un porte-caustique que j'ai fait construire par Mathieu fils. Cet instrument se compose d'une tige sur laquelle on coule le nitrate. Elle est contenue dans une sonde. J'introduis celle-ci dans la cavité du corps et je fais sortir alors la tige armée qui cautérise la muqueuse intra-utérine. Ce porte-caustique a pour avantage de ne pas cautériser l'orifice interne du col, et par suite de ne pas produire l'atrésie utérine, reproche grave qu'on peut faire aux porte-caustiques de Nonat, Richet, Péan. La cautérisation intra-utérine est une opération indolore. Cependant elle réclame quelques précautions. Il faut d'abord s'assurer qu'il n'y a pas de rétrécissement du col de l'utérus. Il faut ensuite ordonner le repos pendant quatre ou cinq jours. Si la malade accuse de la douleur, prescrivez aussitôt des cataplasmes sur l'abdomen, des irrigations d'eau chaude à 50 degrés, des bains de son avec la canule vaginale. Il ne faut permettre à la malade de se lever que lorsque la douleur est complètement éteinte. Cette cautérisation ne se renouvelle que tous les mois, huit jours après ou dix jours avant l'époque menstruelle. Il ne faut pas passer outre cette dernière recommandation, car on s'exposerait à la métrorrhagie ou à la dysménorrhée.

Lorsqu'on craint de se servir d'un porte-caustique, le professeur Pajot propose le moyen suivant, exempt, dit-il, de toute espèce d'accidents : « Ce sont des petits pinceaux d'ouate montés solidement sur des baleines très souples, de façon à ce qu'il soit impossible même d'entamer le tissu de la matrice. Il faut d'abord absterger soigneusement les culs-de-sac et la cavité du col, pour que le caustique porte sur le tissu et non sur le mucus. On imbibe alors le coton avec une goutte d'eau mise dans un petit godet, puis on verse de la poudre de nitrate d'argent ; on fait une sorte de pâte dont on imprègne le pinceau, et on le fait pénétrer dans la cavité du col, puis du corps. Une fois introduit, on peut badigeonner les surfaces internes sans grandes précautions : il n'est pas possible de léser l'organe, même quand on le voudrait. » Ce procédé me paraît mériter les mêmes reproches que les porte-caustiques ouverts. Bon pour cautériser la cavité du col, il ne l'est plus pour celle du corps. Je crois qu'au moment où il pénètre dans la cavité utérine, le nitrate d'argent est épuisé par son passage à travers le col. S'il n'en était pas ainsi, il produirait à l'orifice interne une cautérisation nuisible et dangereuse en ce que le rétrécissement de cet orifice en résulterait infailliblement. Je persiste donc à croire que le meilleur procédé pour cautériser la cavité du corps utérin est l'introduction d'un porte-caustique, fermé pendant qu'il chemine à travers la cavité du col, laissant à découvert le caustique dès qu'il est parvenu dans celle du corps.

M. le docteur Apostoli a proposé dernièrement la galvano-caustique chimique intra-utérine comme traitement de cette lésion intra-utérine. D'après lui cette opération bien appliquée n'est suivie d'aucune réaction inflammatoire. Par suite de cette action chimique, il s'opère une destruction progressive de la muqueuse, bientôt suivie d'un processus de régression et de désintégration qui favorise la résorption des exsudats et des hyperplasies de nouvelle formation. Je n'ai pas mis en pratique ce moyen, je ne puis donc vous dire si les résultats sont heureux ; je doute toutefois qu'il soit supérieur à la cautérisation intra-utérine suivant les préceptes que j'ai posés, cautérisation qui ne nécessite aucun outillage spécial, facile à pratiquer, toujours exempte de dangers si vous suivez exactement la conduite que j'ai signalée, qui produit les mêmes effets et donne dans la pratique les meilleurs résultats.

J'en dirai autant de la galvano-caustique chimique du col, appliquée par le docteur Tripier à la leucorrhée siégeant dans la cavité cervicale, cautérisation qui n'est pas toujours exempte de dangers, ainsi que je viens de le constater chez une dame ayant présenté à la suite de cette opération une adéno-pelvi-péritonite des plus graves.

Quant à la faradisation utérine, proposée par le docteur Jouret (de Bruxelles) et préconisée dans le but de provoquer les contractions utérines, de faire disparaître l'engorgement, l'embarras circulatoire, vous arriverez plus sûrement à ce résultat par l'application de tampons de glycérine et sans faire courir à la malade le moindre danger.

Dans le but de remédier au même accident, quelques médecins se sont ingéniés, pour éviter l'introduction d'un porte-caustique, à construire des insufflateurs destinés à porter directement, dans la cavité même de l'utérus, des poudres astringentes, caustiques ; d'autres ont proposé de placer et de laisser à demeure des crayons astringents et caustiques. C'est ainsi, notamment, que Wilmicki, au Congrès allemand de Strasbourg, a préconisé la projection d'iodoforme en poudre dans la cavité utérine ou bien l'introduction de crayons de gomme arabique et d'iodoforme additionnés d'un peu de glycérine. Ces crayons, à des degrés divers de concentration, doivent avoir de 2 à 4 millimètres de diamètre sur 4 à 6 de longueur. Leur introduction se fait au moyen de longues pinces. Une légère résistance et une contraction de la patiente accusent le moment où le crayon atteint le fond de la cavité utérine. Un tampon d'ouate est introduit ensuite dans le vagin au contact du col. On l'enlève au bout de douze heures et on fait à la suite une injection vaginale. Ce procédé ne déterminerait ni douleurs violentes, ni coliques, ni contractions utérines.

Ce crayon peut encore être introduit au moyen d'une sonde d'homme dont l'extrémité antérieure est perforée ; un mandrin le pousse dans la cavité utérine.

Sans vouloir me prononcer sur les propriétés de l'iodoforme dans ce cas particulier, je crois que ce procédé est défectueux et qu'il n'a aucun avantage sur la cautérisation avec le porte-caustique.

Lorsque les glandes de la cavité du col sont surtout atteintes, on se borne à cautériser cette cavité, soit avec mon porte-caustique, soit par tout autre moyen, notamment les crayons dits médicamenteux à l'iodoforme, au chloral (5 grammes par crayon), au sulfate de cuivre, soit par le galvano-cautère. Dans ces cas, il faut toujours avoir soin, une fois que le caustique a produit le résultat cherché, c'est-à-dire la répression des follicules glandulaires et par suite la modification du liquide leucorrhéique, d'introduire dans la cavité du col de petites tiges de racine de guimauve, afin de tenir éloignées l'une de l'autre les parois du canal cervical, qui, sans cela, pourraient se souder, au moment de la chute de l'escharre due au caustique. Nombre de fois, j'ai constaté des rétrécissements, des brides cicatricielles de ce conduit par suite du défaut de cette précaution.

Le plus ordinairement, pour ne pas dire toujours, cette médication suffit pour la guérison de la leucorrhée ayant sa source principale dans l'hypertrophie glandulaire du col. Quant à moi, je l'ai vu constamment réussir.

Il peut toutefois se rencontrer des cas où elle n'est pas assez énergique. Dans ces conditions on recourt à l'excision de la muqueuse du col. Schröder, qui recommande cette opération, la pratique ainsi : L'utérus étant amené aussi bas que possible, et les lèvres du col étant renversées, il enlève toute leur surface interne avec un couteau ; les lambeaux sont alors portés en dehors et cousus au tissu qui touche le bord antérieur de la plaie. S'il est difficile de renverser les lèvres du col, il les divise auparavant. La plaie se cicatrise ordinairement par première intention.

Quelques gynécologues se bornent à faire en pareil cas le raclage de la surface muqueuse, qu'ils font suivre de l'opération d'Emmet, dans le cas où le col est largement fendu latéralement. Cette opération consiste à aviver les deux bords de la plaie au niveau de la fente latérale du col et à apporter au contact, à l'aide de ligatures, les deux surfaces avivées. L'orifice utérin se trouve ainsi considérablement rétréci.

Quant aux autres moyens préconisés pour la guérison de la leucorrhée utérine, tels que : injections vaginales astringentes, application au fond du vagin de poudres composées de sous-nitrate de bismuth, de sulfate de cuivre, d'alun, de tannin, tampons recouverts de pommade à l'alun, au calomel, au précipité rouge, je n'en parle pas, puisqu'ils ne peuvent s'adresser qu'à la leucorrhée vaginale et non à celle qui a pour siège l'utérus. Je ne parle pas non plus de la médication générale par les ferrugineux, les reconstituants qui ne peuvent avoir aucun résultat sur la lésion anatomique.

Mon collègue et ami Audhoui l'a très bien compris alors qu'il recommande de traiter ces lésions utérines, tout en prescrivant l'usage interne de la teinture suivante :

Semences d'ajowan pulvérisées	10 grammes.
Ergotine	5 —
Noix vomique en poudre	50 centigrammes.
Extrait d'opium	20 —
Esprit de cannelle	100 grammes.

Une cuillerée à café de cette teinture dans un verre à bordeaux d'eau sucrée immédiatement après le repas.

Cette médication, ainsi que je le dirai, ne peut être conservée qu'à la condition qu'elle s'adresse à l'état général consécutif à l'inflammation utérine et non aux lésions produites par cette inflammation. C'est à cette action qu'il faut de même attribuer le traitement hydro-minéral et non à l'action directe de l'eau minérale sur les lésions, ainsi que le font trop souvent encore les hydrologues.

Les *troubles mentruels* de la métrite sont tellement accusés parfois qu'ils impriment à l'inflammation utérine une modalité clinique qui nécessite une thérapeutique locale spéciale.

Ces troubles, vous le savez, consistent soit dans une augmentation de quantité, une prolongation de durée de l'écoulement sanguin (ménorrhagie) ; soit dans une diminution de quantité et de durée, dans un retard, dans la suppression d'un mois à deux et trois mois, parfois même dans la suppression totale de cet écoulement (aménorrhée) ; soit dans l'existence de douleurs vives, aiguës, revenant par accès (tranchées utérines, coliques utérines), précédant, accompagnant l'écoulement (dysménorrhée).
Il est donc essentiel de les traiter alors que le traitement ordinaire de l'inflammation utérine n'a pas suffi à les faire disparaître.

Ainsi que la leucorrhée, la métrite produit souvent la ménorrhagie. L'un et l'autre symptôme se rencontrent dans la métrite végétante. A l'aide du cathéter utérin on constate sur la muqueuse utérine les granulations, les végétations cellulo-vasculaires, décrites par Récamier, Nélaton, etc., etc., sous le nom de *végétations intra-utérines*. Rien n'est plus facile, ainsi que peuvent s'en assurer ceux d'entre vous qui assistent à l'examen des malades. Toutes les fois que le cas se présente, vous faites cette constatation aussi facilement que moi. Il n'est nul besoin de dilater le col utérin, les orifices pour arriver à l'examen direct de la cavité utérine, ainsi que l'a préconisé dans ces derniers temps le docteur Vuillet. Il suffit de pratiquer le cathétérisme utérin avec douceur, avec lenteur, pour apprécier la sensation de rugosité, d'inégalité, de spongiosité que donne la muqueuse utérine recouverte de végétations. Avec de l'expérience, cette appréciation, je le répète, est des plus faciles, et j'ajoute, l'opération n'est ni douloureuse, ni dangereuse, toutes les fois qu'elle est pratiquée suivant les préceptes que j'ai émis au début de cette étude thérapeutique de la mérite.

En présence de la ménorrhagie parfois tellement abondante qu'elle constitue un accident redoutable, deux indications thérapeutiques se présentent : 1° combattre l'accident lui-même ; 2° le prévenir en détruisant la lésion qui le produit.

La première indication comporte : 1° l'emploi de médicaments internes, tels que les astringents, les hémostatiques sous toutes les formes, les préparations de ratanhia, le perchlorure de fer, la teinture de cannelle, la teinture de quinquina. C'est ainsi qu'on prescrit l'eau de Rabel à la dose de 4 à 5 gouttes dans un verre de limonade que la malade boit par gorgées de quart d'heure en quart d'heure ; le perchlorure de fer à la dose de 1 à 5 grammes dans un verre d'eau, à boire de même par gorgées de deux heures en deux heures ; la teinture de cannelle, l'extrait de ratanhia, le tannin suivant les formules :

1°   Teinture de cannelle............................ 20 à 30 grammes.
        Julep gommeux................................... 120   —

à prendre par cuillerées à bouche d'heure en heure.

2°   Extrait de ratanhia................................ 4 grammes.
        Sirop d'écorces d'oranges amères.................. 30   —
        Julep gommeux................................... 120   —

à prendre par cuillerées à bouche de deux heures en deux heures.

3°   Tannin...   1 gramme.
      Eau distillée de plantin..............................   125   —
      Sirop d'écorces d'oranges amères.....................   30   —

Souvent ces diverses substances sont infidèles, aussi le médecin a recours à des médicaments plus actifs qui agissent à la fois sur la crase sanguine et sur la circulation utérine. C'est ainsi qu'il prescrit la rue, la sabine, la vératrine, la digitale, le seigle ergoté, l'ergotinine, l'hydrastis canadensis, le tapsicum annuum, suivant les formules :

1°   Poudre de rue....................................... } ãã 1 gramme.
      Poudre de sabine....................................

pour 20 pilules; prendre une pilule le matin et une le soir.

Bouchut emploie encore la sabine fraîchement pulvérisée, 10 grammes en 30 cachets, un cachet matin et soir, ou bien l'huile de sabine à la dose de six à dix gouttes dans un julep gommeux de 120 grammes.

2° Potion (Courty) :

      Eau bouillante..   100 grammes.
      Feuilles de digitale..................................   30 centigrammes.

Faites infuser et ajoutez :

      Sirop de grande consoude.............................   30 grammes.
      Eau de fleurs d'oranger..............................   30   —
      Teinture de cannelle.................................   15   —
      Extrait de ratanhia.................................   4   —
      Ergotine Bonjean....................................   1   —
      Extrait thébaïque...................................   10 centigrammes.

Une cuillerée à bouche toutes les douze heures ou toutes les seize heures ou plus souvent si c'est nécessaire.

3° Pilules (Gallard) :

      Ergotine..   10 grammes.
      Sous-carbonate de fer...............................   10   —
      Sulfate de quinine..................................   2   —
      Poudre de digitale..................................   1   —

pour 100 pilules argentées.

Quatre pilules par jour, deux avant chaque repas.

4° Pilules (Huchard) :

      Ergotine.. } ãã 2 grammes.
      Sulfate de quinine..................................
      Poudre de digitale.................................. } ãã 20 centigrammes.
      Extrait de jusquiame................................

pour 20 pilules, de cinq à huit par jour.

5° Pilules :

      Poudre de capsicum (poivre de Cayenne)...............   5 grammes.
30 pilules.

Une pilule avant chaque repas; la dose peut être portée à six pilules par jour.

Ou bien :

      Extrait aqueux de capsicum...........................   5 grammes.
30 pilules.

Même mode d'emploi.

Ou bien en potion :

Teinture de capsicum............................	3 grammes.
Rhum.......................................	30 —
Julep gommeux.............................	120 —

Prendre par cuillerées à bouche toutes les deux heures.

6° Pilules (Atthil) contenant chacune :

Térébenthine de Chio......................	18 centigrammes.
Soufre..................................	12 —

On en donne de quatre à huit par jour.

7° Extrait fluide d'hydrastis canadensis à la dose de 15 à 20 gouttes dans un peu d'eau, trois fois par jour, ou bien en pilules suivant la formule :

Extrait sec d'hydrastis canadensis............	6 grammes.
Extrait de seigle ergoté....................	3 —
Fer réduit................................	3 —

F. S. A. 120 pilules; 2 à 5 pilules toutes les trois ou quatre heures.

On emploie aussi le phosphate de berbérine et le chlorhydrate d'hydrastine sous la forme suivante :

Phosphate de berbérine........................	āā 60 centigrammes.
Chlorhydrate d'hydrastine......................	

pour 30 pilules.

En prendre deux à quatre par jour en une seule fois.

L'hydrastis canadensis est encore prescrit suivant la formule :

Teinture d'hydrastis..........................	4 grammes.
Elixir de Garus.............................	20 —
Sirop simple................................	30 —
Eau distillée...............................	120 —

Prendre cette dose en deux jours, quatre fois par jour.

Le phosphure de zinc cristallisé, sous forme de granules à 4 milligrammes, donne aussi de bons résultats. On peut en prescrire de quatre à six par jour.

Enfin on a préconisé la décoction de racine de bryone (20 grammes pour un litre de vin blanc), une cuillerée à soupe toutes les heures.

Les médecins ont recours aux injections sous-cutanées d'ergotine alors qu'ils veulent agir vite et sûrement. Les formules proposées sont très variables; mais peu importe la solution employée, pourvu qu'on injecte de 10 à 50 centigrammes d'ergotine par jour et même plus suivant la gravité de l'accident. Je me borne à la formule suivante proposée par mon collègue et ami, le docteur Bucquoy, médecin de l'Hôtel-Dieu :

Glycérine..................................	30 grammes.
Ergotine...................................	2 —

Quant à moi, je préfère à tous ces médicaments la poudre fraîche de l'ergot de seigle qui je prescris le troisième ou quatrième jour de la période menstruelle, lorsque je me suis ainsi assuré de la ménorrhagie. La dose journalière est de 1 gramme en trois cachets pris d'heure en heure. Je continue pendant trois jours s'il est nécessaire. Bien rarement, j'ai échoué; j'ai toujours pu modérer et supprimer l'écoulement ménorrhagique.

Toutefois il est bon de vous dire que l'action de l'ergot de seigle n'est pas aussi constante dans la ménorrhagié due à la métrite végétante que dans celle qui se produit pendant l'évolution d'un myôme utérin. Dans ce dernier cas, sachez-le, vous réussirez pour ainsi dire constamment à modérer, à supprimer même l'hémorrhagie.

En même temps que la médication interne, les médecins préconisent les irrigations vaginales d'eau froide, les applications de glace dans le vagin, sur l'abdomen ou le long de la colonne dorso-lombaire, ou bien les irrigations vaginales d'eau chaude à 50 degrés, l'application sur les lombes de sacs en caoutchouc remplis d'eau à 70 degrés, les bains prolongés à 38 et 40 degrés ; l'application de vésicatoires sur la région ovarienne ; l'introduction de cristaux d'alun dans la cavité du col de l'utérus ; l'emploi des crayons d'iodoforme suivant la formule donnée pour le traitement de la leucorrhée, le tamponnement du vagin ; la compression de l'aorte.

De tous ces moyens, ceux qui m'ont donné les meilleurs résultats, sont les vésicatoires appliqués dans la région ovarique, les irrigations vaginales à l'eau chaude (43 degrés environ), les bains chauds prolongés à 39 et 40 degrés.

Pour les vésicatoires, dès que la phlyctène cantaridienne est produite, je fais enlever l'épiderme, afin de mettre sur le derme à nu, un centigramme de chlorhydrate de morphine, application répétée le lendemain.

Les irrigations vaginales à l'eau chaude, pour être efficaces, doivent être intermittentes, afin de provoquer les contractions utérines. Ainsi quatre à cinq litres d'eau seront injectés par quart de litre à la fois, avec un repos de quelques secondes.

Les bains prolongés devront être surveillés. Il ne faut jamais abandonner la malade ; il faut maintenir sur le front une compresse d'eau froide. La syncope survient assez souvent pendant l'administration des bains à haute température et prolongés de trois à quatre heures.

Le docteur Ducos, d'Augusta (Géorgie), a recommandé les injections rectales d'eau chaude ; il dit en avoir obtenu de bons résultats. Dans les quelques cas où j'ai prescrit ces injections, j'ai toujours échoué.

Ces différents moyens thérapeutiques que je viens de passer en revue ne s'adressent, vous le voyez, qu'au symptôme hémorrhagie. Une fois celle-ci arrêtée, elle se renouvellera puisque la cause qui lui donne naissance, les fongosités utérines, persistent. Il est donc urgent d'intervenir et de détruire ces fongosités, ces végétations. A cet effet deux méthodes sont en présence : le raclage de la cavité utérine préconisé par Récamier, la cautérisation intra-utérine, soit à l'aide de caustiques solides, soit à l'aide de caustiques liquides, injectés dans la cavité utérine ou portés dans cette cavité à l'aide d'un pinceau.

Le raclage se fait au moyen d'une curette. Ce procédé n'est pas sans dangers parce que, sans parler de la perforation de l'utérus, produite par les chirurgiens les plus habiles, il donne lieu à une réaction inflammatoire assez vive.

Schrœder, toutefois, le préconise à nouveau, parce que, dit-il, dans certains cas la muqueuse utérine a subi de telles altérations que les irrigations intra-utérines, faites avec l'eau phéniquée à 3 0/0 ou avec une solution de sublimé à 1 0/0, ne suffisent pas pour la modifier et qu'il est dès lors nécessaire de racler la muqueuse malade, pour provoquer la formation d'une muqueuse nouvelle, que l'on s'efforce de rendre normale à l'aide d'un traitement approprié.

Pour opérer le curage de la cavité utérine il formule le procédé opératoire suivant : « On saisit la lèvre antérieure du col à l'aide de pinces de Muzeux, pour fixer la matrice ; on dilate ensuite, à l'aide de sondes de plus en plus grosses, le canal cervical pour permettre d'introduire dans l'utérus une curette ou une assez grande cuiller tranchante. Avant comme après le raclage, on désinfecte la cavité à l'aide du cathéter utérin. On pratique le raclage en promenant la curette, sans exercer une trop grande violence sur la surface antérieure d'abord, ensuite sur la face postérieure et sur les bords latéraux de la cavité utérine. En courbant un peu la cuiller et en exerçant sur la paroi abdominale une pression en sens inverse, on atteint aisément aussi le fond de l'utérus et les angles où s'abouchent les trompes de Fallope. » Cet auteur allemand pratique cette opération non seulement pour la métrite végétante qu'il appelle endométrite fongueuse, mais encore pour la métrite dysménorrhéique simple. Dans le premier cas, le cinquième jour, après le curage, il fait tous les deux jours, avec la seringue de Braun, d'une capacité de 3 grammes, une injection d'iode, en ayant soin de désinfecter la cavité utérine avant et après. Il fait ainsi douze injections qui ne demandent chacune qu'un repos de quelques heures ; après le raclage, la malade doit garder le repos absolu pendant cinq jours. Les injections sont en général bien supportées ; le raclage, au contraire, est douloureux et il vaut mieux le pratiquer après anesthésie au chloroforme et surtout au bromure d'éthyle. Schrœder ajoute que ce procédé est sans danger ; qu'il l'a employé des milliers de fois et une seule malade a succombé à l'injection : encore était-ce avant l'introduction des procédés d'antisepsie. Ce procédé donne de tels résultats qu'il est aujourd'hui presque universellement adopté en Allemagne.

Quant à moi, Messieurs, loin de pratiquer le raclage et les injections intra-utérines, je me borne à la cautérisation intra-utérine, et loin de trouver des cas aussi multipliés nécessitant une telle médication, je trouve à peine sur les mille à douze cents malades qui viennent tous les ans dans mon service de gynécologie ou à la consultation externe de Lourcine deux à quatre malades présentant l'indication formelle de cette cautérisation. Je suis donc en droit de me demander si cette opération est toujours pratiquée en Allemagne avec les indications précises, et si elle n'est pas appliquée à des cas que nous guérissons en France avec les moyens ordinaires que j'ai indiqués comme traitement local de la métrite aiguë, subaiguë ou chronique.

Ces réserves faites, je reconnais volontiers, Messieurs, qu'il peut se rencontrer des cas rebelles aux procédés thérapeutiques ordinaires et pour lesquels le curage, le curettage de l'utérus est formellement indiqué. Dans ces cas, avant de procéder au curage, vous dilatez le col utérin si l'instrument ne peut pénétrer facilement. Au moment de l'opération, vous faites une injection antiseptique intra-utérine avec une solution de sublimé à 1 gramme pour 500 grammes d'eau, puis vous introduisez la curette doucement, vous promenez la cuiller sur la surface utérine, et, lorsque vous l'avez retirée, vous pratiquez une nouvelle injection intra-utérine avec la solution de sublimé. Vous prescrivez un repos au lit pendant plusieurs jours ; des irrigations vaginales à l'eau de myrte chaude matin et soir ; des fomentations émollientes sur l'abdomen. S'il est nécessaire, vous procédez à une nouvelle opération le mois suivant, huit jours après la cessation des règles.

En réalité, je le répète, ces cas sont excessivement rares; le plus ordinairement la ménorrhagie de la métrite végétante cède à la cautérisation intra-utérine que je pratique à l'aide de mon porte-caustique, de préférence aux cautérisations faites à l'aide de solutions caustiques introduites dans la cavité utérine, à l'aide d'injections intra-utérines, ou au moyen d'un pinceau glissant dans un tube de verre ou de métal.

Quel que soit, du reste, le procédé employé, il faut, Messieurs, ne pratiquer la cautérisation que deux à trois jours après la cessation de la ménorrhagie, la répéter huit jours après et attendre la prochaine époque menstruelle, afin de vous assurer de son efficacité. Si l'hémorrhagie réapparaît, vous renouvelez la cautérisation et ainsi de suite, jusqu'au moment où les règles devenues normales indiquent la disparition des fongosités, des végétations intra-utérines. En général, quatre ou cinq cautérisations suffisent. Tell est ma pratique constante et, vous le savez, elle repose sur un grand nombre de cas, cas assurément plus nombreux que ceux cités par les auteurs étrangers, car pas un n'a à sa disposition un service gynécologique aussi vaste que celui de la clinique de Lourcine.

J'ai laissé de côté les injections d'éther dans le tissu cellulaire sous-cutané, la transfusion du sang, préconisées pour remédier aux accidents graves de l'hémorrhagie, de la trop grande perte de sang, parce que ces moyens, bons dans les hémorrhagies considérables qui surviennent parfois pendant l'accouchement, après l'accouchement ou pendant l'évolution des myômes utérins, trouvent rarement leur application dans la ménorrhagie consécutive à la métrite végétante. Toutefois, il ne faudrait pas les négliger, les injections hypodermiques d'éther surtout, si les syncopes étaient fréquentes, s'il était urgent d'exciter les centres nerveux, de relever la température.

Dans certains cas, pendant l'évolution de la métrite, on a affaire à une modalité inverse, caractérisée par une diminution et même par une cessation complète de l'écoulement menstruel qui n'est pas sans occasionner des accidents parfois dangereux pour la malade. A ce titre, ce trouble de la menstruation connu sous le nom d'*aménorrhée*, mérite toute l'attention du médecin.

Cet accident résulte tantôt d'un défaut de sécrétion, tantôt d'un défaut d'excrétion. Dans le premier cas, par suite de l'inflammation utérine, la fluxion cataméniale est insuffisante ou trop forte. Il faut s'appliquer à la favoriser ou à la modérer; la thérapeutique est toute indiquée, suivant le diagnostic porté par le médecin.

Si la fluxion est intense, ainsi qu'on le voit dans la métrite aiguë, survenant chez les femmes d'un tempérament pléthorique, chez les femmes atteintes d'une métrite arthritique, l'indication est des plus nettes : Il faut vider le système vasculaire de l'organe trop distendu. Pour cela, on fait appliquer sur le col une ou plusieurs sangsues, ou bien on les applique à la face interne et supérieure des cuisses, si la première application n'est pas facile. En général, une première application suffit, parce que le traitement par les tampons glycérinés, continué pendant l'intervalle des périodes menstruelles, produit une telle décongestion de l'organe que la circulation utérine se rétablit promptement et, par suite, l'aménorrhée disparaît.

D'autres fois la fluxion est normale; mais le sang est retenu dans les vaisseaux par l'état éréthique, spasmodique de l'utérus : ce fait s'observe surtout dans la métrite dite irritable. Dans ce cas, abandonnant la saignée, il faut recourir aux émollients sous forme de cataplasmes, d'irrigations, de bains ; aux calmants ; aux narcotiques ; aux antispasmodiques.

Je prescris, outre les cataplasmes vaginaux et abdominaux, des irrigations vaginales avec une infusion de feuilles de belladone, de stramoine ; des bains de tilleul ; des lavements de guimauve additionnés de 20 gouttes de laudanum de Sydenham. C'est dans cette modalité que Sydney Ringer et William Murel préconisent le permanganate de potasse en pilules à la dose quotidienne de 15 à 35 centigrammes, incorporé dans de l'argile ; car il importe que la masse pilulaire ne renferme ni sucre, ni substance végétale quelconque.

Si, par contre, la fluxion utérine se fait incomplètement, si même elle manque, il faut la solliciter, la provoquer par tous les moyens possibles. C'est ainsi qu'on prescrit les pédiluves sinapisés, les cataplasmes vaginaux, les fumigations vagino-utérines aromatiques, les infusions de safran, de rue, de sabine.

Mais, si la fluxion une fois produite, le défaut d'évacuation est lié à l'inertie de l'utérus, ainsi qu'on l'observe dans la métrite dite torpide, il faut recourir à des agents qui ont pour but d'exciter, de réveiller la contractilité de l'organe.

Le médecin prescrira les douches froides sur le bassin, les membres inférieurs, pendant les huit à dix jours qui précèdent la fluxion cataméniale. Ashwel préconisait les injections vaginales de 10 à 60 gouttes d'ammoniaque liquide, mêlé à 40 grammes de lait. L'électricité trouve ici une indication nette. Il suffit de faire passer le courant à travers l'utérus en appliquant l'un des réophores sur le col et l'autre sur la région sous-ombilicale. Simpson a voulu arriver au même but, réveiller la contraction utérine, en dilatant le col à l'aide de tiges dilatatrices ou plutôt de pessaires dont il enfonce les tiges plus ou moins longues, soit dans le col seulement, soit dans la cavité utérine. D'autres fois, il se sert d'une sonde creuse, percée d'une multitude de trous à son extrémité utérine et communiquant par son extrémité opposée avec une petite pompe aspirante. Il fait le vide dans la sonde, la muqueuse vient s'appliquer sur ses parois, se congestionne, et l'hémorrhagie se produit après plusieurs applications (ventouse sèche de Simpson). Tous ces moyens doivent être employés au moment de la fluxion et de la congestion périodiques.

Armstein préconise la cautérisation intra-utérine. D'une part, dit-il, la cautérisation provoque une congestion active ; d'autre part, l'introduction de l'instrument amène une contraction qui provoque un apport de sang artériel et chasse le sang veineux accumulé dans l'organe. La chute de l'escharre amène, dans les jours suivants, de fréquentes contractions qui ont le même résultat.

Aux traitements précédents, il convient d'ajouter les frictions générales sur tout le corps avec un gant ou une brosse de crin ; de prescrire les eaux minérales qui, vous le verrez, exercent une action excitante de la contractilité utérine des plus énergiques. C'est à l'aide de cette thérapeutique, basée sur les différentes causes de l'aménorrhée survenant pendant l'évolution de la métrite aiguë, subaiguë et chronique, que j'ai remédié souvent à ce symptôme résultant d'un trouble de la sécrétion périodique.

Dans le cas, au contraire, où l'exhalation sanguine physiologique se produit, et dont l'excrétion ne peut avoir lieu, par suite d'un obstacle à l'expulsion du sang (aménorrhée par rétention en opposition avec la première qui résulte d'un trouble fonctionnel), le traitement est autre ; il faut remédier à la lésion des orifices utérins, aux changements de direction de l'axe du corps ou du col, causes immédiates de la rétention.

Les lésions des orifices interne ou externe consistent dans un rétrécissement plus ou moins complet, dû, soit à une tuméfaction de la muqueuse utérine, dans le cas de métrite aiguë, soit à la production du tissu scléreux sous-muqueux. Dans le premier cas, les antiphlogistiques, saignée locale par exemple, suffisent pour faire cesser cet accident. Dans le deuxième cas, il faut procéder à la dilatation des orifices ou à la divulsion. Je n'insiste pas sur les procédés opératoires qu'il faut mettre en œuvre pour répondre à ces indications, puisque je vais les étudier à propos de la dysménorrhée produite par le rétrécissement fibreux des orifices. Quant à l'aménorrhée résultant d'un changement de direction ou de l'axe du corps, son traitement consiste dans le redressement de l'utérus à l'aide de procédés que j'étudierai de même, à propos des déviations utérines.

Je ne parle pas des autres lésions utérines vaginales ou vulvaires pouvant produire un obstacle à l'excrétion du sang menstruel, telles que tumeurs utérines, imperforation vaginale ou vulvaire ; mon sujet, vous le savez, est limité à la thérapeutique de la métrite et de ses différentes modalités cliniques.

Je poursuis donc et j'arrive à une autre modalité fonctionnelle, caractérisée par des douleurs vives, aiguës, revenant par accès, précédant ou accompagnant l'écoulement menstruel, modalité connue sous le nom de *dysménorrhée* et de *dysménorrhée pseudo-membraneuse*, alors que ces crises douloureuses s'accompagnent de l'expulsion d'une membrane. Les crises douloureuses, l'expulsion d'une membrane, je l'ai dit et je le répète, ne sauraient constituer une entité pathologique, ainsi qu'on l'a dit et qu'on le dit encore ; ces deux phénomènes morbides font partie intégrante de la métrite, n'en constituent qu'une modalité clinique spéciale ; aussi la thérapeutique est celle tout d'abord de l'inflammation utérine, puis celle de la modalité.

Chez la femme atteinte de métrite, deux circonstances bien différentes donnent lieu à ces crises douloureuses, à ces crises dites *dysménorrhéiques.*

Dans l'une, c'est le travail préparatoire à la sécrétion menstruelle qui, au lieu de passer inaperçu, s'accompagne de phénomènes plus ou moins douloureux pendant toute sa durée, cessant parfois dès que la sécrétion commence ou bien se continuant pendant toute la durée de l'écoulement sanguin et ne cessant même que quelques jours après : c'est la *dysménorrhée fonctionnelle*, qui s'appelle *dysménorrhée pseudo-membraneuse*, alors que la métrite est exfoliatrice. Cette dysménorrhée fonctionnelle, cette dysmé-

norrhée pseudo-membraneuse s'observent surtout dans la modalité dite
irritable de la métrite, dans la métrite constitutionnelle, surtout dans les
métrites arthritiques et herpétiques. Dans l'autre, les phénomènes physiologiques qui précèdent la ponte ovulaire se produisent sans souffrances,
la fluxion utérine passe inaperçue; mais dès que la sécrétion commence,
que le sang arrive dans la cavité utérine, les douleurs se font sentir;
l'excrétion ne se produit qu'avec les plus grandes difficultés. Ces douleurs
persistent tant que la sécrétion persiste; elles cessent avec elle. Dans ce cas
la dysménorrhée résulte d'un obstacle à l'écoulement du sang menstruel,
le sang est retenu dans la cavité utérine. Cet obstacle provient d'un
rétrécissement du canal cervico-utérin ou de l'un des orifices dû au
gonflement de la muqueuse et du tissu sous-muqueux (métrite aiguë),
ou à la transformation scléreuse des produits lymphoïdes (métrite chronique), ou enfin à la production d'un tissu cicatriciel (métrite traumatique).

Dans certains cas, l'obstacle au cours du sang résulte de l'oblitération
de l'orifice interne par les débris de la muqueuse utérine (métrite exfoliatrice), ou par la déviation subie par l'utérus soit dans sa direction, soit
dans son axe. Dans ces diverses circonstances, la *dysménorrhée est dite
mécanique*. Sa pathogénie est autre que pour la première variété; aussi le
traitement est bien différent.

Le traitement de la dysménorrhée fonctionnelle n'est autre que celui de
la métrite. Par conséquent il faut tout d'abord instituer le traitement de
l'affection, puis celui du phénomène morbide. C'est ainsi que le médecin prescrira l'application de sangsues sur le col, ou à la face interne et
supérieure des cuisses, si la métrite est à l'état aigu, si l'utérus est violemment congestionné. Cette application sera suivie de l'administration
de narcotiques (lavement laudanisé suivant la formule que j'ai donnée,
de suppositoires rectaux contenant 1 à 2 centigrammes d'extrait de belladone). Ces suppositoires seront seuls prescrits alors que la métrite est seulement irritable, qu'elle se montre chez une femme névropathe; dans ce cas,
l'irritabilité utérine existe sans congestion violente de l'utérus. C'est dans
cette forme que la médication interne donne encore de bons résultats.
Les capsules d'apiol, le bromure de potassium, de sodium, le salicylate de
soude à la dose de 4 à 6 grammes prise en trois fois (Sabalowski, Baletts),
le viburnum prunifolium à la dose de 30 à 60 gouttes d'extrait fluide,
de 10 à 20 centigrammes d'extrait mou (H. Wilson, de Liverpool), rendent de signalés services. Mon excellent collègue et ami, le docteur
Huchard, médecin de l'hôpital Bichat, propose d'associer le viburnum
prunifolium à la piscidia erythrina, suivant la formule suivante :

<pre>
Teinture de piscidia erythrina....................... ⎫
Teinture de viburnum prunifolium .... ⎬ ãã 10 grammes.
</pre>

Prendre vingt gouttes, quatre à cinq fois par jour. D'après cet
auteur, ces médicaments ont pour but de remplacer les préparations de
valériane dans les affections nerveuses et douloureuses. La teinture de
viburnum prunifolium représente un modérateur du pouvoir excito-moteur
de la moelle.

Le docteur Chéron, sous le nom de sédatif utérin, préconise la potion
suivante :

<pre>
Teinture de viburnum prunifolium...................... 40 gouttes.
Elixir de Garus....................................... 30 grammes.
Sirop simple.. 30   —
Eau distillée... 60   —
</pre>

Prendre, dans les vingt-quatre heures, une cuillerée à soupe toutes les demi-heures ou toutes les heures, suivant l'urgence du cas.

L'hydrastis canadensis calmerait de même les douleurs menstruelles (Schatz).

On l'associe souvent à l'opium et au camphre.

Opium.. 3 centigrammes.
Chanvre indien... 5   —
Camphre 10   —

Pour une pilule à prendre au moment du coucher.

Le docteur Poulet pense que l'acide oxalique est un agent vraiment héroïque dans cette variété de dysménorrhée. Il donne la potion suivante à prendre par cuillerées à bouche d'heure en heure :

Acide oxalique... 2 grammes.
Eau tiède.. 200   —
Sirop d'écorces d'oranges amères....................... 60   —
    F. S. A.

Le docteur Decoux préconise le phosphure de zinc à la dose de 16 milligrammes par jour, soit 2 milligrammes de phosphore actif. Il donne deux granules de 4 milligrammes au repas du matin et deux au repas du soir.

Le médecin prescrira, en outre, à l'exemple du docteur Forrest, les injections hypodermiques de cocaïne à la dose de trois à cinq gouttes d'une solution à 4 0/0. Ces injections peuvent se répéter toutes les cinq à six heures; elles se pratiquent sur la paroi abdominale. La cocaïne paraît en pareil cas avoir une influence plus active que la morphine.

Enfin, il est des cas où la dysménorrhée fonctionnelle résiste à toutes les médications locales et générales. La vie de la femme est menacée par suite de perturbations générales de l'organisme résultant d'une excitation perpétuelle du système nerveux, d'une altération de la nutrition. Ce sont les cas où la congestion ovarienne, par suite d'une lésion ovarique, évolue avec les plus grandes souffrances. C'est alors, mais seulement alors, qu'il faut agir chirurgicalement et procéder à l'opération de Battey, c'est-à-dire à l'ablation d'un ou des deux ovaires. En présence d'un danger imminent, il n'y a pas lieu d'hésiter à faire une opération qui, grave, quoiqu'on en dise, donne pourtant d'assez beaux résultats, aujourd'hui que l'antisepsie met la femme à l'abri des accidents septicémiques.

L'ablation des ovaires ou oophorectomie se fait soit par la voie vaginale, soit par la voie abdominale. Je n'insiste pas sur le mode opératoire décrit dans tous les ouvrages récents de chirurgie.

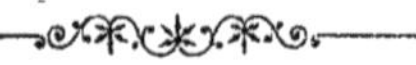

DOUZIÈME LEÇON

SOMMAIRE. — Suite du traitement local des modalités cliniques de la métrite; dysménorrhée mécanique; métrite exfoliatrice (dysménorrhée pseudo-membraneuse); érosions; ulcérations; déviations.

Messieurs,

Lorsque l'inflammation, soit par le fait du gonflement de la muqueuse des orifices ou du canal cervico-utérin, soit par suite de la transformation scléreuse des produits lymphoïdes, soit par suite de cicatrices succédant à un traumatisme, produit un obstacle à l'écoulement du sang menstruel, les troubles dysménorrhéiques sont d'ordre mécanique et nécessitent un traitement local différent du précédent.

Le traitement antiphlogistique suffit, il est vrai, alors que l'obstacle est dû à la tuméfaction de la muqueuse. Mais dès que la transformation scléreuse s'est produite, il faut recourir à des moyens plus actifs, plus efficaces, tels que la dilatation, l'incision, l'électrolyse.

La dilatation est brusque ou lente.

La dilatation brusque s'opère au moyen d'instruments dits dilatateurs dont j'ai donné la description dans mon *Traité clinique des affections utérines*. Je n'insiste pas. Je veux seulement vous initier à la pratique du docteur Goelet (de New-York), qui fait, dit-il, couramment cette opération dans le cas de sténose des orifices utérins.

« Le manuel opératoire consiste à anesthésier les malades, à saisir le col
« avec le spéculum, à introduire une sonde, d'abord pour reconnaître la
« direction du canal, à fixer le col, en le tirant en bas, légèrement; on
« introduit le dilatateur qui, ordinairement, pénètre dans l'orifice interne,
« en faisant une sorte de saut, ce qui indique qu'il a pénétré dans la cavité
« utérine; on presse légèrement sur les manches de l'instrument jusqu'à ce
« qu'ils se soient rapprochés, et la dilatation cherchée se trouve produite;
« il faut ordinairement ouvrir tout l'instrument.

« Si le dilatateur ne franchit pas l'orifice interne avec une légère pres-
« sion, il faut introduire souvent l'applicateur entouré de coton, ce qui
« augmentera le calibre de l'ouverture, et permettra de faire entrer l'ins-

« trument sans force. Quand les manches ont été rapprochés, il faudra les
« maintenir ainsi pendant quelques instants, les enlever et introduire le
« dilatateur de Hauks, puis l'applicateur. Cela fait, on place un tampon de
« boro-glycérine, et la malade est remise dans son lit.

« Le jour suivant, on introduit une tige de caoutchouc durci légèrement
« courbée, creusée d'un canal et ouverte à son centre ; pendant une semaine,
« on l'enlève tous les jours, on la nettoie, on la replace, puis, quand on
« peut l'enlever d'une façon définitive, on permet à la malade de se lever.
« Le docteur Goelet regarde l'opération comme absolument certaine et
« efficace si elle est faite convenablement ; elle a réussi, dit-il, dans les
« quatre-vingts cas où elle a été employée pour guérir la dysménorrhée ;
« aussi il croit devoir conclure que :

« 1º La dilatation rapide est un moyen parfaitement sûr et un procédé
« absolument justifiable.

« 2º Si l'on emploie la tige de caoutchouc comme pansement, il ne sur-
« vient pas de nouvelle rétraction. »

Quoique les gynécologues américains aient une prédilection marquée
pour la dilatation brusque, je préfère à ce moyen brutal qui, pour moi, expose la malade à des accidents parfois graves, tels que la déchirure des tissus
du col, la péritonite, je préfère, dis-je, la dilatation lente et progressive.

Cette dilatation est obtenue à l'aide de tiges de laminaria, d'éponge
préparée. Je donne la préférence à la tige de laminaria, parce qu'on peut
la creuser d'un canal qui permet l'écoulement des liquides utérins pendant
que la dilatation s'effectue. Mes nombreuses observations montrent que ce
moyen a été toujours suffisant pour obtenir la guérison du rétrécissement
des orifices ou du canal cervical et qu'il n'a jamais été suivi d'accidents.
Aussi je ne puis comprendre l'observation, rapportée par le docteur C. C.
Lee à la Société obstétricale de New-York, d'un cas dans lequel des tiges
de laminaria, introduites dans le col pour faciliter l'examen et l'extraction
d'un polype sous-muqueux, ont perforé la paroi antérieure du col. Mundé
préfère le *tupelo* qui risque moins que la laminaria d'ulcérer le col. Cette
racine, d'après le docteur Walton (de Bruxelles), serait en outre préférable à la laminaria, parce qu'elle reste toujours lisse et spongieuse,
qu'elle acquiert son maximum de volume en une ou deux heures au plus
(six à huit heures par la laminaria), et qu'elle n'expose pas à blesser
la muqueuse en l'extrayant, ce qui arrive parfois avec la laminaria qui
est ridée, inégale à sa surface. Du reste ces racines peuvent ainsi que la
laminaria être creusées d'un canal à leur centre.

Que le médecin ait choisi la laminaria ou la racine de tupelo, préalablement rendues aseptiques par leur séjour dans une solution d'iodoforme
à saturation dans l'éther, ainsi que le propose le docteur Porak pour
l'éponge préparée qui conserve sa propriété d'imbibition et de distension,
progressive et non brusque, il introduit dans le col utérin une tige de 5 à
6 centimètres de longueur, alors qu'il s'agit de dilater l'orifice interne ou
le canal cervico-utérin, de 2 à 3 centimètres s'il s'agit de l'orifice externe.
A l'extrémité vaginale de la tige est fixé un fil très fort qui pend à l'orifice
vulvaire afin que la malade puisse la retirer facilement. On la maintient à
l'aide d'un tampon de ouate. On la laisse en place de quatre, six à huit
heures, suivant la tolérance, et on renouvelle l'application tous les jours
ou tous les deux jours suivant la réaction utérine. On cesse dès que les
douleurs s'accentuent. On commence cette application quatre ou cinq
jours après l'époque menstruelle et on la cesse cinq jours avant.

Je n'emploie pas l'éponge préparée, parce qu'il arrive souvent que l'extrémité introduite dans la cavité utérine se gonfle outre mesure, qu'elle ne peut sortir par l'orifice, que les tentatives d'extraction sont douloureuses et que cette extrémité se rompt parfois dans la cavité.

Parfois la dilatation n'est pas suffisante pour faire disparaître le rétrécissement des orifices ou du canal. Dans ce cas le rétrécissement est constitué par un tissu cicatriciel épais et fortement rétractile. Il faut faire alors la divulsion, pratiquer le débridement du col. Cette opération se fait soit sur l'orifice interne, soit sur le canal cervical, soit sur l'orifice externe, suivant le siège du rétrécissement. On se sert soit d'un bistouri étroit, boutonné, monté sur un long manche, d'un ténotome en un mot, soit de forts ciseaux, soit d'un hystérotome, d'un sécateur à une seule lame ou à deux lames. Tous ces instruments se composent d'une gaîne dans laquelle est cachée une ou deux lames que l'on fait saillir à volonté et dont on règle l'écartement au moyen d'une vis. Si on se sert d'un hystérotome à une seule lame, il faut pratiquer l'incision successivement de chaque côté. Avec l'hystérotome à deux lames, l'opération se fait en une fois. Le débridement pratiqué, on introduit une tige de laminaria ou une racine de tupelo, afin, d'une part, d'arrêter l'hémorrhagie, et, d'autre part, de dilater la partie incisée. Cette introduction se répète tous les jours pour maintenir l'ouverture obtenue, empêcher la réunion des parties incisées ainsi que la rétraction du tissu cicatriciel.

Cette opération de la divulsion n'est pas sans dangers; plusieurs fois la mort en a été la conséquence. Il faut donc, Messieurs, ne la pratiquer qu'avec circonspection, que si la dilatation a échoué.

La destruction du rétrécissement des orifices ou de la cavité cervicale s'obtient encore au moyen de l'électrolyse. A cet effet, le docteur Leblond se sert d'une pile de neuf éléments de Bunsen. Le pôle négatif, formé d'une tige en maillechort recouverte d'une sonde en gomme et terminée par un renflement conique de 2 millimètres de diamètre, est placé dans le col au niveau de la portion rétrécie. Le pôle positif, consistant en une plaque métallique, recouverte de peau de chamois, est appliqué sur la cuisse droite de la malade. Le pôle négatif reste en place cinq minutes; puis il est retiré. Ce traitement est basé sur ce fait qu'à l'électrode négative se produit une escharre molle, et que la cicatrice qui en résulte est molle et extensible. L'escharre produite, il faut avoir soin de maintenir béant le canal ou l'orifice, afin de prévenir l'adhérence cicatricielle consécutive à la chute de l'escharre.

Parfois l'obstacle à l'écoulement menstruel provient d'un changement de direction de l'utérus, d'une déviation de l'axe utérin; dans ce cas il faut remédier à cette modalité suivant les indications que je ferai connaître à propos de son traitement.

Lorsque la métrite est *exfoliatrice*, que la muqueuse s'exfolie en parties ou en totalité, on voit parfois survenir des douleurs dysménorrhéiques très intenses, très vives.

Je dis parfois, parce que l'expulsion se fait assez souvent sans douleurs, sans que la malade ait conscience du phénomène morbide. Bien souvent j'ai vu, en effet, des malades me consulter parce qu'elles avaient constaté un jour, ordinairement en dehors de la période menstruelle, parfois pendant l'écoulement périodique, un *morceau de chair*, venu avec le liquide injecté ou avec le sang des règles.

Au microscope je constatai les caractères anatomiques de la muqueuse utérine.

Le médecin doit donc être prévenu de la possibilité d'une expulsion, sans douleurs, d'une partie ou de la totalité de la muqueuse exfoliée, pendant l'évolution de la métrite.

Lorsque la douleur se présente, on observe alors le syndrome connu sous le nom de *dysménorrhée*, auquel les médecins ont ajouté le qualificatif *pseudo-membraneuse*, pour bien spécifier sa nature. Leur tort, je le répète, a été de faire de ce syndrome une entité morbide qu'ils ont décrite sous le nom de *dysménorrhée pseudo-membraneuse*, alors qu'il ne s'agit que d'une modalité anatomique de la métrite. Aussi, le traitement est d'abord celui de l'inflammation utérine; puis, s'il ne suffit pas, on le dirige contre la lésion anatomique.

Pour remplir cette indication, le médecin n'a à sa disposition qu'une seule méthode de traitement, la cautérisation intra-utérine, pratiquée suivant les préceptes que j'ai donnés à propos de la métrite végétante. Je ne vous indique que ce moyen thérapeutique et pas d'autres, parce que de tous ceux que j'ai mis en œuvre, c'est le seul qui m'ait donné de bons résultats et j'ajoute qui ait guéri complètement cette modalité.

Quant aux moyens préconisés, laminaria, tente, éponges, etc., etc., ils n'ont qu'une indication, le rétrécissement des orifices ou du canal cervical; ils n'ont et ne doivent avoir qu'un but : lever l'obstacle au passage des lambeaux de la muqueuse exfoliée ou de la muqueuse entière. Vous les emploierez donc suivant les préceptes que je vous ai donnés à propos du rétrécissement utérin.

Fréquemment, ai-je dit, la métrite s'accompagne d'*érosions*, d'*ulcérations* de la muqueuse du col et de la cavité cervicale.

En général, ces lésions ne réclament aucun traitement particulier. Venues avec l'inflammation, elles disparaissent avec elle, par le fait du traitement de l'inflammation. Dans presque tous les cas de métrite que j'ai observés, je peux dire qu'il en a été toujours ainsi. En disant que quatre-vingt-dix-neuf fois sur cent l'ulcération disparaît avec l'inflammation et rien que par son traitement, j'exprime la vérité la plus complète. Aussi, Messieurs, me voyez-vous, dans mes conférences cliniques, ne tenir aucun compte de cette lésion, alors que j'institue le traitement de la métrite. Je ne saurais donc trop m'élever contre la pratique suivie par la plupart des médecins et qui consiste, vous le savez, en cautérisations répétées de l'ulcération utérine.

Cette pratique est mauvaise, dangereuse même, parce que, d'une part, elle entretient l'inflammation, elle éternise la métrite, cause première de cette lésion, et, d'autre part, elle provoque de graves accidents péri-utérins par le fait de l'exacerbation de l'adéno-lymphite, ainsi qu'il m'est donné de le voir constamment dans mes consultations. Abandonnez donc cette mauvaise thérapeutique; n'ayez recours aux modificateurs des tissus ulcérés qu'alors que l'ulcération, par suite de sa constitution, survit au traitement de la métrite. Ce sont, en effet, les cas où l'ulcération large, profonde, fongueuse, phagédénique, végétante, résiste le plus au traitement ordinaire et nécessite dès lors un traitement spécial, consistant dans l'emploi d'agents physiques ou chimiques capables de modifier la vitalité des tissus et de produire la cicatrisation des tissus ulcérés.

A cet effet, vous continuez le traitement de la métrite tel que je vous l'ai enseigné, en ayant soin seulement d'incorporer à la glycérine qui imbibe les tampons de coton hydrophile, soit la poudre d'iodoforme, soit de préférence l'acide borique à la dose de 1 0/0, ou la poudre de chloral à la dose de 1 à 2 0/0. Dans ce dernier cas, vous serez parfois obligé de diminuer la dose, de la réduire à 50 centigrammes pour cent, à cause de la trop vive chaleur, de la cuisson vagino-vulvaire ressenties par les malades.

Si l'ulcération persiste; tout en continuant ce traitement, vous touchez tous les huit jours la surface ulcérée soit avec le chloral sous forme de crayon à la dose de 3 grammes incorporé à du gluten, de solution à la dose de 5 grammes pour 100 grammes d'eau, ou de poudre déposée sur l'ulcération, soit avec l'acide nitrique porté sur la partie malade à l'aide d'une tige recouverte de ouate, imbibée de cet acide. Je ne vous parle pas du nitrate acide de mercure, de l'acide chromique, de l'acide sulfurique, de l'acide phénique, parce qu'en général l'acide nitrique suffit. Toutefois, retenez le nom de ces divers agents caustiques afin de les employer au besoin.

Je vous dois, Messieurs, une recommandation des plus pratiques alors que vous avez recours à un caustique liquide. Il faut, après avoir touché la surface ulcérée, l'essuyer avec un pinceau de ouate, pour qu'il ne reste aucune parcelle du liquide caustique qui produirait sur la muqueuse vaginale de graves désordres. En outre, il faut toujours envelopper le col dans un tampon de ouate. C'est parce que ces précautions ne sont pas minutieusement prises par les médecins qu'il m'est donné souvent de constater des brides cicatricielles du vagin, oblitérant plus ou moins complètement ce conduit.

Le docteur de Fourcauld a préconisé comme traitement des ulcérations rebelles de la métrite, alors surtout qu'elle est constitutionnelle, les vapeurs d'iode portées directement sur le col, à l'aide d'un appareil composé essentiellement de trois ballons de verre, munis les uns et les autres d'une à deux tubulures. L'auteur a obtenu plusieurs guérisons. Ce traitement peut donc rendre des services; mais je ne le crois pas pratique, et je crains bien qu'il ne se vulgarise pas.

Le professeur Hayem, pour réussir à maintenir exactement les topiques en contact avec l'ulcération, a imaginé un petit appareil composé d'un pessaire en caoutchouc : à l'une de ses faces s'adapte un hémisphère également en caoutchouc et terminé par un tube. On place dans cette calotte une éponge imprégnée de la solution antiseptique qui se trouve appliquée sur la surface ulcérée lorsque le pessaire est en place. Les solutions employées par M. Hayem sont au sublimé et à l'acide borique.

Cette application de pessaire ne peut se faire qu'après la disparition de l'adéno-lymphite ou du moins alors qu'elle cesse d'être douloureuse; car, ainsi que je le dirai à propos des déviations utérines, le pessaire occasionne de telles douleurs par la compression qu'il exerce sur les culs-de-sac vaginaux, siège ordinaire de l'inflammation lymphatique, que les femmes ne peuvent en faire usage. Aussi je ne vous conseille pas le procédé préconisé par M. Hayem, d'autant mieux que la cautérisation suffit toujours pour guérir les ulcérations rebelles au traitement de la métrite.

Si, du reste, les caustiques chimiques étaient insuffisants, vous auriez recours à la cautérisation au moyen du thermocautère ou du galvano-cautère. Cette cautérisation sera pratiquée une fois par mois, huit jours après et au moins huit jours avant l'époque menstruelle. Après la cautérisation vous ferez une irrigation vaginale à l'eau chaude et vous envelopperez le col avec un tampon de ouate hydrophile imbibée de glycérine et saupoudrée de camphre.

Dans le cas où la cautérisation aurait été pratiquée à l'intérieur du canal cervical, n'oubliez pas, ainsi que je l'ai dit, de placer, au moment de la chute de l'escharre, une tige de tupelo, une racine de guimauve ou mieux une petite sonde en gomme, afin, non seulement de prévenir l'adhérence des surfaces cruententes, mais encore de permettre l'écoulement des liquides utérins.

Enfin, Messieurs, si tous les moyens précédents n'ont aucune action sur l'évolution de l'ulcération, sur sa guérison, vous aurez recours à l'opération d'Emmet ou de Schrœder dont je vous ai donné la description. En enlevant avec le bistouri la muqueuse du col ulcéré, en portant au contact d'elle-même au moyen de ligatures chaque surface avivée, on fait disparaître toute la surface malade et le col utérin se trouve reconstitué.

Je ne puis terminer cette étude de la thérapeutique spéciale des ulcérations de la métrite sans vous dire quelques mots sur la conduite que vous devez tenir en présence d'une femme enceinte atteinte de métrite chronique avec ulcération du col.

Cette question a longuement préoccupé les accoucheurs et les gynécologues. Les uns et les autres se sont demandés s'il fallait intervenir activement pour soigner l'ulcération ou s'il ne valait pas mieux attendre que l'accouchement ait eu lieu.

Les uns et les autres ont publié à l'appui de leur argumentation des observations en faveur de telle ou telle opinion. C'est ainsi que pour les uns la cautérisation de l'ulcération produit l'avortement, pour les autres l'ulcération le produit sûrement et le meilleur moyen de le prévenir est de guérir l'ulcération.

Quant à moi, Messieurs, me basant sur les résultats de ma pratique, je vous dis: ne touchez jamais à l'ulcération du col chez la femme enceinte, à moins qu'elle soit l'origine d'une hémorrhagie abondante (je m'empresse de dire que ce cas est excessivement rare, je ne l'ai observé que deux fois en dix ans); à moins qu'il s'agisse d'une métrite irritable, auquel cas l'ulcération est une cause incessante d'excitation utérine et provoque l'avortement; ce cas est de même très rare, parce que la métrite irritable est par elle-même une cause d'avortement, d'accouchement prématuré.

Quoi qu'il en soit, dans ces deux circonstances, vous devez agir et faire tous vos efforts pour guérir l'ulcération. De tous les moyens mis en œuvre, celui qui m'a donné toujours les meilleurs résultats est la cautérisation à l'acide nitrique. Non seulement, je n'ai pas hâté l'avortement, mais encore je l'ai prévenu en modifiant rapidement la surface ulcérée et en faisant cesser les accidents.

De toutes les modalités anatomiques inhérentes à l'inflammation utérine, les *déviations de l'utérus* sont, sans contredit, les plus fréquentes. Je n'ai pas fait le relevé des milliers d'observations recueillies par mes élèves ; mais je ne crois pas être au-dessous de la vérité en disant que les déviations existent quatre-vingts fois sur cent chez les femmes atteintes de métrite. Il ne saurait en être autrement du moment que la vraie pathogénie de la déviation réside dans la métrite. Wedeler a publié une statistique où cette modalité s'est rencontrée environ soixante-quinze fois sur cent. Vous le voyez, cet auteur partage mon opinion relativement à la fréquence de la déviation utérine.

Soit qu'elles résultent de l'augmentation du volume de l'organe ou d'une altération de structure, soit qu'elles soient dues aux adhérences de l'utérus avec les parties voisines, les déviations utérines sont presque toujours dues à la métrite. L'inflammation utérine en est la cause primordiale, puisqu'elle agit d'une part en modifiant la structure du tissu utérin, d'autre part en développant l'adéno-lymphyte qui provoque l'inflammation des tissus péri-utérins et par suite les adhérences qui s'établissent entre l'utérus et les parties voisines. Parmi celles-ci, je citerai celles de l'adéno-pelvi-péritonite postérieure, de l'adéno-pelvi-péritonite ayant pour siège spécial les replis recto-utérins. Je cite cette dernière parce que, tous les jours, vous constatez sa présence dans les déviations utérines, qu'il s'agisse de rétroversion, de rétroflexion et même d'antéversion, le corps ou le col étant fortement retenus en arrière par les brides péritonéales.

Cette pathogénie des déviations, survenant pendant l'évolution de l'inflammation utérine, vous indique de suite la méthode thérapeutique que vous devez suivre, et de fait vous êtes à même de constater tous les jours avec moi que le traitement local de la métrite guérit le plus ordinairement la déviation. La seule application des tampons glycérinés, puis de la pommade iodurée, en facilitant la résolution, la résorption, l'absorption des produits lymphoïdes, en prévenant la transformation scléreuse, suffit pour faire disparaître la déviation à mesure que l'inflammation utérine et l'adéno-pelvi-péritonite se résolvent.

Vous procéderez donc au traitement local de la métrite suivant le préceptes que j'ai donnés ; seulement dans l'application des tampons vous observerez les règles suivantes.

La déviation, vous le savez, est réductible ou irréductible. Dans le premier cas, pour le pansement qui doit être fait tous les jours (j'insiste là-dessus, parce que la réussite est à cette condition), vous pouvez faire prendre à la malade les positions qui facilitent la réduction et le placement du tampon. Ainsi, par exemple, vous avez recours à la position genu-pectorale lorsqu'il existe une rétroversion ou une rétroflexion. Dans cette situation, les intestins et l'utérus se portent en avant, la déviation est réduite et vous maintenez l'organe à l'aide du tampon placé d'abord dans le cul-de-sac postérieur, puis vous le ramenez en avant du col, de manière à l'envelopper complètement. La position genu-pectorale favorise en outre la réduction de la rétroversion par la pression de l'air introduit dans le vagin, condition favorable pour remédier aux déviations. Du reste si la pression de l'air et la position ne suffisaient pas pour redresser l'utérus, vous introduiriez un doigt dans le rectum et vous pousseriez en avant l'organe utérin. Il est bien entendu que ces redressements ne doivent s'opérer que si l'adéno-lymphite a disparu; car, sans cela vous seriez exposé, ainsi que je l'ai vu maintes et maintes fois, à des accidents d'adéno-pelvi-péritonite intense. C'est ainsi, notamment, qu'un médecin, dont la femme était atteinte d'une métrite chronique avec rétroversion et adéno-lymphite subaiguë, voulant, malgré mes indications précises, tenter la réduction de la déviation rien que par la pression de l'air introduit dans le vagin par suite de la position genu-pectorale, détermina une adéno-pelvi-péritonite grave qui compromit pendant quelques jours la vie de la malade.

Pour les autres déviations, antéversion, antéflexion, latéro-version, latéro-flexion les indications sont les mêmes : le tampon doit être placé de façon à maintenir réduit le corps utérin redressé.

Lorsque la déviation est irréductible, vous procédez de la même façon. Seulement le tampon doit être refoulé peu à peu, de manière à redresser lentement et progressivement le corps utérin, sans occasionner des souffrances à la malade. On arrive ainsi à allonger les adhérences qui relient l'utérus aux parties voisines; et, après plusieurs mois de pansement, il est bien rare que l'organe utérin n'ait pas repris sa direction normale ; car, d'une part, sous l'influence du traitement, le volume de l'utérus est revenu à l'état normal, et d'autre part l'adéno-lymphite, ainsi que l'épaississement des replis péritonéaux, ont disparu.

Je dis que, dans l'application des tampons glycérinés, puis enduits de la pommade iodurée, il faut agir avec douceur et progressivement, parce que j'ai vu bien souvent des accidents péritonéaux, dus à un redoublement dans l'inflammation lymphatique, résulter de l'application brusque et forcée du tampon destiné à redresser l'utérus. Aussi, Messieurs, ne saurais-je trop vous conseiller de vous habituer à faire journellement ce pansement; ce que vous pouvez faire dans mon service que je mets à votre disposition.

Le traitement, tel que je viens de vous le décrire, et qui est tous les jours mis en œuvre dans le service de la clinique de l'hôpital de Lourcine, suffit, je le répète, pour guérir la métrite et la déviation qui en est la conséquence. Bien rarement vous me voyez recourir à d'autres moyens pour redresser l'utérus et le maintenir dans sa situation normale.

Cependant, il est des cas, où après avoir employé ce traitement, après avoir guéri la métrite et l'adéno-lymphite, la déviation persiste et devient la cause d'accidents morbides qu'il faut traiter. Ces cas sont des plus rares, il est vrai; vous les voyez à peine une fois par an.

La déviation utérine, en effet, n'est pas comme le prétendent la plupart des gynécologistes français et étrangers, surtout allemands et américains, l'origine de toutes les pesanteurs, de toutes les douleurs lombaires et abdominales, des troubles dysménorrhéiques, de la stérilité même. Dans l'immense majorité des cas, je le dis et je le répète, la déviation utérine ne saurait être incriminée; ces phénomènes morbides appartiennent surtout à la métrite; la preuve, c'est leur disparition alors que la métrite est guérie et que la déviation persiste. Que de femmes ne voyons-nous pas avec une déviation utérine, sans qu'elles éprouvent le moindre malaise? Que la métrite survienne ou réapparaisse, et au même instant les phénomènes morbides de l'inflammation utérine éclatent.

Je tiens à bien établir cette doctrine à laquelle j'ai consacré de longs développements dans mon *Traité clinique des affections utérines* et dans mes precédentes conférences cliniques, pour vous mettre en garde contre cette multitude de moyens contentifs, de moyens soi-disant curateurs que vous trouvez préconisés dans tous les ouvrages, moyens plutôt nuisibles qu'utiles, et pour vous dire : n'agissez que dans les cas d'indications nettes et précises.

Ces cas sont ceux où après avoir guéri la métrite, les adhérences cellulaires ou péritonéales résultant de l'adéno-lymphite ou par suite du relâchement des ligaments suspenseurs la déviation persiste et devient l'origine d'accidents rectaux ou vésicaux, d'accidents locomoteurs, de gêne, de troubles pour les fonctions génito-sexuelles.

Dans ces conditions vous devez agir. Mais comment agirez-vous? Quels moyens emploierez-vous?

Si vous consultez les auteurs, les ouvrages de gynécologie, vous y trouvez les moyens d'action les plus légers, les plus inoffensifs jusqu'aux plus violents, les plus dangereux. Vous y voyez préconiser l'application de bandages hypogastriques, de tampons vaginaux, d'anneaux, de pessaires, jusqu'à l'application de tiges intra-utérines (redresseurs intra-utérins), jusqu'à la rupture au moyen des doigts des adhérences péritonéales (Schultze), au raccourcissement des ligaments ronds (Alquié, Alexander, Adams), à la gastrotomie et à l'insertion d'un des ligaments de l'utérus dans l'incision abdominale (Kœberlé, Marion Sims), au raccourcissement des fibres utérines du côté opposé à la déviation par la méthode électrique ; vous y trouvez enfin mentionnées des opérations ayant pour but d'obtenir des adhérences utéro-vaginales ou utéro-abdominales.

Vous n'attendez pas de moi que je vous donne une description détaillée de tous les procédés, de toutes les opérations ci-dessus. Ce serait revenir sur un sujet que j'ai longuement étudié et critiqué dans mon *Traité des affections utérines*. Je préfère vous donner les indications nettes et précises qui doivent vous guider en pareil cas.

Tout d'abord il est bien entendu que la déviation, même alors qu'elle gêne les fonctions urinaires et rectales, qu'elle perturbe les fonctions locomotrices, qu'elle produit une certaine impossibilité dans les fonctions génito-sexuelles, il est bien entendu, dis-je, que la déviation n'est pas un accident grave, qu'elle ne menace pas directement la vie. Qu'à ce titre donc, il faut éviter les opérations qui, dans le but de guérir la déviation, sont par elles-mêmes plus graves que ces accidents, et qui, malgré les précautions prises actuellement pour prévenir la septicémie, malgré l'habileté opératoire des chirurgiens, exposent la vie de la malade. Ce ne sera donc que, si, par une disposition fortuite, la vie est menacée, l'opération du raccourcissement des ligaments ronds, l'insertion d'un ou des ligaments utérins dans l'incision abdominale, l'adhérence utéro-vaginale ou utéro-abdominale après la gastrotomie, seront proposées. Jusque-là vous devez vous en tenir aux moyens palliatifs, moyens purement contentifs et qui, sachez-le bien, ne doivent avoir entre vos mains comme entre celles de tout médecin honnête, qu'un but : *soulager* et *non guérir*, suivant l'expression d'un éminent chirurgien, Velpeau.

Ces moyens contentifs sont de trois ordres. Les premiers s'appliquent sur l'abdomen : ceintures abdominales, bandages hypogastriques ; les deuxièmes se placent dans le vagin : anneaux, pessaires vaginaux; les troisièmes prennent leur point d'appui dans l'utérus : pessaires intra-utérins.

La ceinture abdominale, le bandage hypogastrique ne sont de quelque utilité que dans l'antéversion ; leur but, en effet, est de relever et de maintenir le paquet intestinal, de l'empêcher de comprimer le corps utérin et de faire cesser les accidents vésicaux et locomoteurs. Vous trouverez dans le commerce une grande variété de ces ceintures, de ces bandages. Tous les industriels se sont ingéniés à en fabriquer. Je me garderai bien de vous les signaler, parce que vous devez toujours les faire établir selon les indications fournies par votre examen et notamment par la palpation abdominale qui seule vous montre, en appliquant la main de bas en haut, en refoulant par conséquent en haut la masse intestinale, la largeur, l'épaisseur qu'il faut donner à la pelote médiane pour opérer ce refoulement.

Les pessaires, les anneaux sont appliqués dans le vagin; ils ont pour but, en prenant leur point d'appui sur la paroi postérieure du pubis, sur les culs-de-sac vaginaux de maintenir l'utérus préalablement redressé.

Le grand nombre de pessaires inventés pour remédier aux déviations, leur variété de forme, de dimensions vous montrent de suite que ces moyens contentifs sont pour la plupart impuissants à remplir le but qu'on leur assigne. En outre, ainsi que je le dirai, ils sont le plus souvent l'origine d'accidents sérieux, graves parfois, et ce n'est pas là une des moindres raisons qui ont conduit la plupart des gynécologues, si non à proscrire leur usage, du moins à ne les appliquer que dans des conditions bien déterminées et à surveiller attentivement leur action. Vous n'attendez pas de moi que je vous en donne une description détaillée, ni même une énumération complète, je veux me borner à vous signaler ceux qui, suivant les circonstances, suivant la variété de la déviation, peuvent procurer un soulagement à vos malades.

TREIZIÈME LEÇON

SOMMAIRE. — Suite du traitement anatomique des diverses modalités : déviations utérines : pessaires vaginaux pour l'antéversion, l'antéflexion, rétroversion, rétroflexion. — Pessaires intra-utérins. — Massage utérin. — Hystérectomie vaginale; gastrotomie; raccourcissement des ligaments ronds. — Adéno-lymphite péri-utérine, adéno-phlegmon; adéno-pelvi-péritonite. Stérilité. Vulvite. Vaginite. Cystite. Rectite. Salpingite. Ovarite.

Messieurs,

L'antéversion et l'antéflexion sont les déviations les plus difficiles à maintenir réduites avec les pessaires. Aussi les gynécologues se sont-ils ingéniés à construire des pessaires susceptibles de remédier à ces lésions. Un de mes anciens collègues de l'internat, M. le docteur Thévenot(1), dans un bon travail, a mis en évidence la difficulté de construction de ces pessaires et les inconvénients de la plupart d'entre eux. Pour cet auteur, le pessaire de Hodge et Meiggs, connu sous le nom d'*anneau américain*, à forme rectangulaire ou triangulaire, à angles arrondis, légèrement recourbé en *S* italique, si parfaitement approprié au traitement de la rétroversion, ne donne que des résultats incomplets, pour ne pas dire négatifs, dans l'antéversion, alors même qu'on a ajouté à sa face antérieure, au moyen de charnières, un demi-anneau mobile destiné à se loger dans le cul-de-sac antérieur.

L'anneau de laiton, recouvert de gutta-percha, assez flexible pour qu'on puisse le façonner et lui donner la forme voulue, assez rigide pour que cependant cette forme puisse être conservée, serait préférable d'après les gynécologues allemands. Ceux-ci forment avec cet anneau une sorte de huit de chiffre comme si l'on avait deux anneaux juxtaposés. Ils fléchissent un de ces anneaux sur l'autre sous un angle aigu, puis chacun des anneaux est recourbé sur le plat, les deux convexités se regardant.

L'appareil en place, un des anneaux s'appuie à la face postérieure de la symphyse et sa direction est presque verticale. L'autre anneau, à direction presque horizontale, recevra le col et se logera dans le cul-de-sac. M. Thévenot, au travail duquel j'emprunte ces lignes, fait remarquer que cet anneau qu'on pourrait appeler universel, tout en donnant de grandes facilités pour maintenir l'antéversion réduite, présente cependant certains

(1) Dr A. THÉVENOT. — « Des Pessaires à antéversion. » (*Gazette hebdomadaire de médecine et de chirurgie*, Paris, 1881.)

inconvénients en ce que la forme n'est pas stable, qu'elle s'altère dès l'introduction et qu'elle se modifie sous l'influence des pressions et de la chaleur de la cavité vaginale. En outre le poids de l'utérus porte à travers le cul-de-sac antérieur sur les deux saillies qui se trouvent à l'angle de réunion des anneaux; d'où douleur parfois intolérable.

Pour remédier à ces défectuosités, un gynécologue anglais, Graily-Hewit, a modifié le pessaire allemand en lui donnant une forme fixe et en réunissant les anneaux par une plaque lisse, légèrement convexe, qui se loge dans le cul-de-sac antérieur, sert de point d'appui à l'utérus et n'exerce pas de pression fâcheuse. Thévenot, depuis deux ans, en fait usage; il le trouve supérieur à l'anneau américain et au pessaire universel des allemands. Pour le mettre en place, on présente un des anneaux perpendiculairement à la vulve, et la plaque regardant en haut on déprime fortement la commissure; l'anneau introduit suit la paroi postérieure jusqu'au cul-de-sac. Alors, par un léger mouvement de bascule, l'anneau vertical se rapproche du pubis et s'y appuie, tandis que la plaque s'engage dans le cul-de-sac antérieur, soulève l'utérus et le redresse.

La rétroversion, la rétroflexion ne présentent pas les mêmes difficultés. Une fois réduites, les pessaires les maintiennent assez facilement. De tous les pessaires préconisés, celui de mon excellent collègue et ami, le docteur Dumontpallier, me paraît devoir être préféré. Cet anneau-pessaire est une combinaison de l'anneau-pessaire de Meigs et des anneaux élastiques du docteur Gairal. Il est formé d'un ressort de montre à plusieurs tours de spirale recouvert d'une mince couche de caoutchouc. Pour l'introduire il faut l'enduire de glycérine. Une fois en place, il se modèle sur les parties voisines, il prend son point d'appui sur les culs-de-sac vaginaux, et présente l'avantage de ne pas agir directement sur l'utérus. Pour que cet anneau reste en place, il faut que le périnée et l'anneau vulvaire présentent une certaine résistance; sans cela, sous l'influence d'efforts, l'arc antérieur de l'anneau s'engage sous l'arcade pubienne, et l'anneau-pessaire se présente à la vulve. Afin de remédier à cet inconvénient, M. Dumont-pallier a fixé à l'arc antérieur une tige, longue de 20 à 25 centimètres, rigide, s'insérant sur une plaque pubienne qui est maintenue en place à l'aide d'une ceinture munie de deux sous-cuisses. Dans quelques cas j'en ai obtenu de bons effets.

A côté du pessaire du docteur Dumontpallier se place le sigmoïde élastique double du docteur Ménière (d'Angers). Ce pessaire a une forme et des dimensions en rapport avec la cavité vaginale; aussi les tuniques du vagin ne sont jamais tendues que dans le sens de leur grand diamètre, c'est-à-dire parallèlement aux fibres de la tunique musculaire; l'élévation et l'axe de l'utérus prennent des positions qui se rapprochent notablement de la situation normale. Son introduction est facile. Le seul reproche qu'on puisse lui adresser est d'être rigide. Or c'est là un réel inconvénient, parce qu'il peut être l'origine d'accidents graves, tels que la perforation du cul-de-sac vaginal postérieur. C'est le reproche qu'on peut adresser, du reste, à tous les pessaires rigides que je délaisse pour les pessaires souples.

La rétroflexion nécessite un pessaire de forme spéciale, d'autant plus qu'elle est accompagnée le plus ordinairement d'un abaissement de l'utérus. Le pessaire-levier de Hodge, très efficace au maintien de la réduction du prolapsus, peut s'appliquer de même à la rétroflexion. Il a la forme d'un quadrilatère ou d'un anneau quadrángulaire allongé; il s'appuie par un de ses petits côtés, sur la paroi vaginale postérieure, tandis que par le côté opposé, légèrement concave à son milieu pour répondre à l'urèthre, il s'appuie sur la paroi vaginale antérieure, derrière le pubis. On introduit l'appareil d'abord de champ, puis on le tourne pour ainsi dire à plat, de manière à encadrer le col de l'utérus.

Il est à remarquer, toutefois, que la rétroflexion n'est pas maintenue réduite par cet appareil; aussi Courty a préconisé l'anneau-levier à arc cervical, simple modification du précédent.

Tout en conservant au pessaire de Hodge l'efficacité de son appui sur la paroi postérieure, il a cherché à retenir le col dans un arc concave (concavité postérieure), duquel cet organe aurait d'autant moins de tendance à se dégager, que l'instrument tout entier serait mieux retenu par ses points d'appui vaginaux, l'arc cervical n'étant plus lui-même un point d'appui, mais seulement un moyen de prévenir le retour du col en avant et en haut, qui ne manquerait pas, sans cela, de se produire par la chute du corps en arrière et en bas comme par un mouvement de bascule inévitable. En outre, Courty a rompu la continuité du tube d'aluminium au niveau des angles postérieurs et y a placé deux ressorts qui permettent à l'arc cervical de se rapprocher de la pièce principale jusqu'à se mettre en contact avec elle, sous l'influence de l'effort combiné du pouce et de l'indicateur, pour revenir à sa position normale aussitôt que l'instrument se trouve en place et que l'on cesse la pression. Cet instrument, ainsi constitué, ajoute Courty, ne peut pas se déplacer, ni comprimer l'utérus, parce que, par les extrémités recourbées de ses deux longues branches, il s'appuie sur la paroi vaginale postérieure, tandis que la branche antérieure s'appuie toujours sur la paroi vaginale antérieure; l'arc cervical est suffisamment grand pour retenir le col sans le comprimer, et, d'autre part, sans permettre à cet organe de glisser au-dessus de lui ni d'éluder la contention.

L'introduction de cet instrument est assez difficile, mais on y parvient assez aisément en ayant soin de choisir un calibre en rapport avec la dilatabilité plus ou moins grande de la vulve. Une fois introduit dans le vagin, on refoule avec le doigt la partie postérieure en arrière, de manière, dit Courty, que les deux arcs verticaux appuient derrière le col sur la paroi vaginale postérieure et l'arc horizontal sur la partie antérieure du col de l'utérus préalablement redressé, partie antérieure du col qu'on refoule en arrière autant que possible pour empêcher le corps de se fléchir de nouveau en arrière et de retomber dans la fosse de Douglas. En même temps on pousse l'arc antérieur de l'anneau-levier contre la paroi vaginale antérieure au-dessus du méat urinaire et même de l'urèthre, autant que possible.

Tels sont, Messieurs, les pessaires que vous pourrez appliquer, alors, je le répète, que le traitement de la métrite n'aura pas fait disparaître la déviation dont elle est l'origine, et que cette déviation sera la cause d'accidents plus ou moins sérieux qui, je le répète, sont des plus rares, quoi qu'en disent les gynécologues anglais, allemands et américains.

En terminant cette étude des pessaires vaginaux, je vous dois quelques conseils. Tout d'abord, vous prescrirez de ne pas les laisser en place pendant plus de deux à trois jours, de faire plusieurs fois par jour des irrigations vaginales, parce que non seulement ils exagèrent les sécrétions vaginales, source d'ennui, de dégoût pour les malades, mais encore ils peuvent devenir l'origine de graves complications, telles que, par exemple, la perforation du vagin et de la vessie (Nonat).

Quant au troisième ordre de moyens contentifs, les pessaires intra-utérins, désignés encore sous le nom de redresseurs intra-utérins, ce sont des tiges que l'on introduit dans la cavité utérine et qui y sont maintenues soit à l'aide du pessaire métallique auquel elles sont soudées, soit à l'aide d'une autre tige qui se porte à l'extérieur pour être elle-même fixée par un plastron pubien. Nul besoin de vous donner la description de ces instruments dus à l'invention de Kiwish, Simpson, Valleix, Courty, Brottshwail; vous la trouverez dans mon *Traité clinique des affections de l'Utérus*. De même je ne fais que signaler la tente-éponge de Thomas Chambers, les pessaires de Greenhalgh, de Barnes (pessaire galvanique constitué par un fil de zinc et un fil de cuivre, enroulés en spirale, soudés ensemble à leur extrémité utérine qui forme un cul-de-sac), de Mendows (tige intra-utérine en caoutchouc durci), de Granville Bantock, de Braitwaite.

La question des pessaires intra-utérins a été à plusieurs reprises vivement discutée, ainsi que je l'ai dit dans mon traité clinique; je ne vous rappellerai pas les arguments qui ont été émis pour ou contre leur emploi; je vous dirai seulement : ne faites jamais usage du pessaire intra-utérin parce que, aussi léger qu'il soit, aussi bien construit qu'il puisse être, il présente les plus grands dangers. Non seulement il suscite des douleurs qui obligent la malade à garder le lit pendant tout le temps de son application, il provoque l'inflammation utérine, mais encore il développe l'adéno-lymphite et expose à l'adéno-pelvi-péritonite. A plusieurs reprises, j'ai vu en consultation des femmes dont l'adéno-pelvi-péritonite reconnaissait cette cause, et dont la vie était gravement menacée par la suppuration de cette lésion. Aussi, je le répète, ne prescrivez jamais le redresseur intra-utérin, et cela, d'autant mieux que, dans les cas très rares où la déviation doit être maintenue réduite, les pessaires vaginaux sont suffisants pour remédier aux quelques accidents de la position vicieuse de l'utérus.

Je ne puis terminer cette étude des pessaires sans vous dire qu'il est parfois utile de faire prendre à la malade certaines positions qui facilitent et maintiennent la réduction. C'est ainsi, notamment, qu'à l'exemple de Courty, vous prierez votre malade, atteinte de rétroversion ou de rétroflexion, de garder pendant le sommeil le décubitus abdominal. Sachez seulement que ce décubitus ne peut être utile que si le corps de l'utérus a été préalablement réduit, ce qui suppose par conséquent une déviation réductible, car ce que je vais dire ne saurait trouver son application dans une déviation irréductible. Cette réserve faite, je laisse la parole à Courty. « Le médecin, dit-il, ne peut aller tous les soirs chez sa malade, au moment de son coucher, redresser l'utérus, avant de lui laisser prendre l'altitude du décubitus ventral, dans laquelle elle devra rester tout le reste de la nuit. Heureusement un médecin américain, H. Campbell, a eu l'ingénieuse idée de faire pénétrer de l'air, à l'aide d'un petit tube coudé à son extrémité dans le cul-de-sac utéro-vaginal postérieur, la femme étant dans la position genu-pectorale, et il a reconnu que sous l'influence de la pression atmosphérique, qui fait alors équilibre à la pression extérieure, tous les viscères sont entraînés vers la paroi abdominale antérieure ou la région ombilicale, y compris l'utérus entraîné en avant comme les autres organes, le fond de l'organe se portant vers la paroi abdominale antérieure ou vers le pubis, le col s'élevant avec le cul-de-sac utéro-vaginal postérieur vers le sacrum et l'organe étant positivement revenu à sa forme et à sa direction normale. »

Rien de plus exact et de plus vrai. Il s'agit donc de dresser une personne étrangère à l'art à faire cette introduction et à faciliter l'action de la pression atmosphérique. Courty conseille l'emploi du spéculum Fergusson petit modèle. La canule vaginale employée dans mon service pour les bains donne le même résultat ainsi que je m'en suis assuré à plusieurs reprises. Dès que la malade éprouve la sensation d'un poids vers la paroi abdominale, indice que la déviation est réduite, on retire la canule vaginale, la malade se laisse doucement reposer sur le ventre et garde cette position toute la nuit; la plupart du temps elle la gardera d'autant plus volontiers, qu'elle a constaté que les douleurs étaient moindres. Courty ajoute qu'à l'aide de cette précaution prise tous les soirs il a rendu quelques services à ses malades et qu'il y a de grandes chances pour amener peu à peu l'utérus à conserver cette position normale, alors surtout que les autres moyens de réduction sont employés.

Quant à moi, je prescris souvent le décubitus abdominal pendant le traitement de la métrite accompagnée de rétroversion ou de rétroflexion; j'obtiens ainsi une guérison plus rapide et simultanée de l'inflammation utérine et de l'accident qui en est la conséquence.

Que vous dire du massage utérin préconisé dans ces dernières années, notamment par Prokownick (de Hambourg), au Congrès des médecins allemands (Magdebourg, 1884).

D'après ces médecins, le massage faciliterait la résorption des exsudats, la cure des déviations utérines, en déterminant l'élongation des brides cicatricielles. Il est externe et interne. Pour pratiquer le massage externe, on promène les doigts du pubis au sacrum et inversement; puis augmentant la pression, on masse les organes intra-pelviens. Le massage interne est actif ou passif. Le premier consiste à pétrir en quelque sorte l'organe malade, à le soumettre à des tractions, ce qui se fait soit par le vagin, soit par le rectum. Le deuxième consiste à introduire dans le vagin des pessaires globulaires en caoutchouc durci; ils élongent et ramollissent les cordes ligamenteuses qui fixent l'utérus en position vicieuse.

Ces quelques mots suffisent pour vous montrer que ce traitement est des plus pernicieux et qu'il n'a pu être préconisé que par des médecins ignorant complètement non seulement l'inflammation utérine, mais encore la gynécologie; car c'est ignorer les affections utérines et les affections des annexes que de vouloir soumettre un organe tel que l'utérus à des manipulations prolongées, alors que les accidents les plus graves surviennent par le plus léger attouchement; lorsqu'il existe, comme dans les déviations irréductibles, des adhérences dues à l'adéno-pelvi-péritonite. J'appliquerai volontiers la même épithète d'ignorance aux médecins qui enseignent de rompre, soit avec le doigt, soit avec le cathéter utérin, les adhérences péritonéales qui maintiennent irréductibles les déviations.

Quant aux opérations, telles que l'hystérectomie vaginale, faite dernièrement par mon collègue le docteur G. Richelot, pour une rétroflexion grave et intolérable; le raccourcissement des ligaments ronds pour la rétroversion, la rétroflexion; la gastrotomie, l'insertion du ligament ovarique dans l'incision abdominale faites par Kœberlé et Marion Sims pour une rétroflexion compliquée d'ovarite, je ne puis que vous les signaler et vous dire : ne faites jamais ces opérations, à moins qu'une indication formelle, telle que la vie menacée de la malade, ne vous en fasse un devoir. Ce cas est infiniment rare ; je vous souhaite de ne pas en rencontrer pendant votre pratique médicale. Quant à moi, jusqu'à présent, je vous déclare que, sur le nombre considérable des malades que j'ai vues et que je suis à même de voir, je n'ai jamais observé une rétroflexion ou une rétroversion ayant cette gravité ; aussi ne puis-je comprendre que l'opération du raccourcissement des ligaments ronds pour ces déviations soit aussi fréquente en Angleterre et en Amérique. Évidemment notre gynécologie est toute autre que dans les pays étrangers, et, loin d'être arriérée, ainsi qu'on paraît le croire, elle est plus avancée, parce que notre thérapeutique repose sur des connaissances physiologiques, anatomiques et cliniques plus précises, plus nettes et plus étendues ; il s'ensuit que les opérations sur l'utérus et ses annexes trouvent moins d'indications que le prétendent les médecins étrangers. Aussi, tout en enregistrant un plus grand nombre de guérisons de la métrite, n'avons-nous aucun accident, aucune mort à nous reprocher.

L'*adéno-lymphite utérine* et *péri-utérine*, ai-je dit, est adéquate à l'inflammation utérine. Le traitement de celle-ci est le traitement de celle-là ; et de fait, tous les jours je constate la guérison de l'adéno-lymphite en même temps que la guérison de la métrite. Parfois il arrive que l'adéno-lymphite péri-utérine survit à l'inflammation utérine, ainsi que nous voyons l'adénite inguinale, l'adénite axillaire, l'adénite sous-maxillaire survivre à une inflammation vulvaire, buccale ou tégumentaire du membre inférieur, du membre supérieur, de la mamelle. Cette persistance de l'adéno-lymphite péri-utérine se montre surtout dans la métrite dyscrasique, dans la métrite constitutionnelle, diathésique. Cependant elle n'est pas rare dans la métrite ordinaire. De ce fait elle nécessite un traitement local spécial.

En outre, je l'ai dit, l'adéno-lymphite péri-utérine se propage souvent aux tissus voisins, tissu cellulaire et tissu séreux, d'où les modalités cliniques connues sous le nom de phlegmon du ligament large, phlegmon post-pubien, phlegmon péri-utérin, péri-métrite, pelvi-péritonite, et que j'ai dénommées adéno-phlegmon du ligament large et péri-utérin, adéno-pelvi-péritonite, afin de rappeler leur origine réelle.

Ces modalités qui réclament avant tout le traitement de la métrite dont elles ne sont que l'émanation, nécessitent parfois un traitement spécial qui appelle toute l'attention du médecin.

Vous le voyez, deux indications thérapeutiques surgissent par le fait de l'adéno-lymphite péri-utérine. La première est due à la persistance de l'inflammation lymphatique ; la deuxième à l'extension de cette inflammation aux tissus voisins, tissu cellulaire, tissu séreux (péritoine).

Dans le premier cas, la lésion lymphatique se traduit cliniquement soit par une tuméfaction plus ou moins considérable des vaisseaux lymphatiques, se révélant par un ou plusieurs cordons durs, parfois bosselés, plus ou moins douloureux, très appréciables par le toucher vaginal ou rectal, sous les parois vaginales, dans les culs-de-sac latéraux ou postérieurs, se dirigeant de l'isthme utérin vers les parois du petit bassin ou vers la région ovarique, pour aboutir aux ganglions péri-utérins, péri-vaginaux, pelviens, post-pubiens, soit par une tuméfaction ganglionnaire, se révélant par des tumeurs, de volume variable, depuis une lentille, une noisette jusqu'à un œuf de pigeon, de poule, disséminées dans l'excavation pelvienne, mais siégeant de préférence au niveau de l'isthme, du cul-de-sac péritonéal postérieur entre les replis recto-utérins, dans les culs-de-sac latéraux, dans la paroi recto-vaginale et sur la ceinture osseuse du petit bassin, au niveau du trou obturateur, de la face antérieure du sacrum, de la branche horizontale du pubis, etc., etc. Cette lésion n'occasionne le plus ordinairement aucun trouble local; elle dure des mois, des années, sans que la malade en ait conscience. Parfois cependant elle devient le siège de douleurs vives, incessantes, qui fatiguent et préoccupent la femme, ou bien encore elle devient l'origine d'une inflammation cellulaire ou séreuse, alors que par une cause quelconque, le plus souvent une contusion produite par le coït, par une canule vaginale introduite brusquement, par une irrigation ou une douche vaginale, rectale, donnée avec trop de violence, par l'introduction du spéculum, faite sans ménagements, sans précautions ou même par une exploration digitale, brutale. A tous ces points de vue cette affection nécessite une thérapeutique spéciale; il importe pour la femme qu'elle disparaisse le plus promptement possible.

Le traitement local qui, dans cette variété clinique de l'adéno-lymphite, m'a donné les meilleurs résultats, est le suivant: tout en faisant continuer le matin les irrigations vaginales avec l'infusion de feuilles de myrthe chaude, les irrigations anales avec une décoction de guimauve, je prescris tous les deux jours un bain d'une heure additionné tantôt de chlorure de sodium, 500 gr., d'amidon, 500 grammes; tantôt de sulfure de sodium, 125 grammes, gélatine, 500 grammes; tantôt enfin de « pine needle fluid » ou extrait alcoolique d'aiguilles du pin, 250 grammes. En même temps je fais appliquer tous les jours dans les culs-de-sac vaginaux deux, trois à quatre tampons de ouate du volume d'une petite noix recouverts de la pommade iodurée belladonée dont je vous rappelle la formule :

Axonge benzoïnée	50	grammes.
Huile d'amandes douces	10	—
Iodure de potassium	10	—
Extrait de belladone	4	—
Teinture de benjoin	3	—
Hyposulfite de soude	1	—

F. S. A.

Souvent j'ajoute à ce traitement des frictions, le soir, sur la région abdominale avec la pommade iodurée :

Axonge benzoïnée	50	grammes.
Iodure de potassium	10	—
Hyposulfite de soude	1	—

F. S. A.

Gros comme une noix pour chaque friction et l'on recouvre d'une toile de caoutchouc.

Ce traitement local fait disparaître assez rapidement l'adéno-lymphite, alors que la malade est soumise en même temps au traitement pathogénique et nosologique.

Depuis la description clinique et anatomique que j'ai donnée à différentes reprises de l'adéno-lymphite péri-utérine, soit dans mon traité clinique, soit dans mes conférences cliniques de l'hôpital de Lourcine, plusieurs gynécologues ont de même préconisé un traitement spécial destiné à obtenir une résolution rapide de l'inflammation lymphatique et ganglionnaire péri-utérine. C'est ainsi que Courty prescrivait sous la forme d'un lavement résolutif la pommade suivante :

Cérat de Galien..	15 grammes.
Onguent napolitain....................	15 —
Laudanum de Sydenham........................	10 gouttes.
Extrait de belladone	1 à 5 centigrammes.

On pousse cette pommade en haut du rectum, derrière l'utérus, à l'aide d'une petite seringue à très large canule. On donne un ou deux lavements par semaine ; le lendemain de leur administration, la malade doit éviter d'aller à la garde-robe.

Dans quelques cas très rares, l'adéno-lymphite persiste malgré le traitement local, le traitement général. Ces cas sont ceux où la tumeur ganglionnaire acquiert un volume exagéré, un gros œuf de poule par exemple. Cette tumeur donne parfois lieu à des accidents névralgiques par compression, très douloureux, à une pesanteur pelvienne très incommode. Il est dès lors nécessaire de l'extirper.

Cette extirpation a été faite dernièrement à l'hôpital Pascal par mon excellent collègue et ami S. Pozzi, au moyen de la laparotomie sous-péritonéale. Chez une malade, l'éminent chirurgien put ainsi extraire six ganglions placés sur les parois de l'excavation pelvienne. Si l'adéno-lymphite péri-utérine avait besoin de prouver son existence, cette opération de M. Pozzi suffirait à elle seule pour la mettre hors de toute contestation, et les gynécologues seraient mal avisés d'en contester la description anatomique et clinique que j'en ai faite, il y huit ans pour la première fois.

Dans le deuxième cas, c'est-à-dire, dans l'extension de l'inflammation lymphatique aux tissus voisins, tissu cellulaire, tissu séreux, deux faits se produisent : ou bien cette inflammation cellulaire ou séreuse se manifeste, alors que la métrite est à l'état aigu ou même subaigu, ou bien elle se produit pendant l'évolution chronique, soit par suite d'une de ces recrudescences aiguës si fréquentes pendant l'état chronique de l'inflammation utérine, soit par suite d'une des causes signalées à diverses reprises, causes qui résident principalement dans une contusion, une congestion de l'organe utérin.

Dans la première variété l'adéno-phlegmon du ligament large, l'adéno-phlegmon péri-utérin, l'adéno-pelvi-péritonite, relèvent d'abord du traitement antiphlogistique de la métrite aiguë : cataplasmes vaginaux, abdominaux, fomentations émollientes, sangsues sur l'abdomen, tampons à la glycérine, etc., etc., puis du traitement révulsif et résolutif.

En général, cette thérapeutique suffit pour guérir ces lésions inflammatoires. Depuis cinq ou six ans que cette thérapeutique est instituée dans le service gynécologique, j'ai toujours observé la résolution de ces inflammations, jamais je ne les ai vues suppurer.

Lorsque la résolution n'est pas complète, lorsqu'un épaississement des ligaments larges, du cul-de-sac péritonéal, des replis péritonéaux utéro-rectaux, persiste, j'ai recours aux applications des tampons vaginaux recouverts de la pommade iodurée belladonée, à l'application sur l'abdomen, tous les huit jours, de vingt à trente pointes de feu avec le thermo-cautère, application préférable aux vésicatoires toujours douloureux et toujours graves par les accidents qu'ils produisent sur la fonction urinaire, malgré toutes les précautions prises par le médecin pour les éviter.

Les bains additionnés de carbonate de soude (120 gr.), de sulfure de sodium (30 gr.), d'eaux mères de salies, de salins, aident puissamment à l'action de la médication résolutive précédente. J'en dirai autant des frictions sèches générales avec un gant de crin.

Dans la deuxième variété, le traitement local est le même. L'adéno-phlegmon, l'adéno-pelvi-péritonite réclament d'abord la méthode anti-phlogistique, puis la méthode révulsive et résolutive.

La résolution de l'adéno-phlegmon, de l'adéno-pelvi-péritonite, ai-je dit, est la règle, alors que la métrite et sa lésion lymphatique adéquate sont traitées selon les préceptes que je viens d'énoncer. Cependant il peut arriver et il arrive que, par suite de diverses circonstances, soit que le traitement ne soit pas suivi exactement par la malade, soit qu'il soit mal exécuté, la résolution n'ait pas lieu, et l'inflammation poursuivant son évolution arrive à la suppuration. Dans ce cas vous vous trouvez en présence d'une péri-adénite suppurée, d'une péritonite suppurée. De nouvelles indications thérapeutiques locales surgissent, selon que l'abcès proémine du côté du vagin, du rectum, de la vessie ou de la paroi abdominale.

Si l'abcès tend à s'ouvrir du côté du vagin ou du rectum, vous devez favoriser cette tendance en appliquant dans le vagin des cataplasmes, en donnant des bains de siège ou généraux pendant la durée desquels la malade introduit et garde la canule vaginale, des lavements tièdes à l'eau de guimauve, et même un purgatif avec l'huile de ricin (30 gr.).

Pour calmer les épreintes rectales si douloureuses qui annoncent l'ouverture dans le rectum, je fais administrer toutes les demi-heures un petit lavement d'eau de guimauve, additionné d'une goutte de laudanum (une cuillerée à bouche d'eau seulement).

En général l'abcès se vide rapidement soit par le vagin, soit par le rectum. Il faut attendre patiemment cette issue spontanée, et jamais, sachez-le bien, ponctionner ou inciser l'abcès par le vagin; car malgré toutes les précautions antiseptiques, malgré tous les lavages antiseptiques de la poche, vous exposez la malade à une résorption putride qui lui fait courir les plus grands dangers, et qui, dans bien des cas, a entraîné la mort.

L'ouverture de l'abcès s'accuse par l'issue rectale ou vaginale d'une plus grande quantité de pus sanguinolent, plus ou moins fétide, issue qui se reproduit pendant plusieurs jours, tout en diminuant de quantité de jour en jour. La tumeur s'affaisse et le traitement de l'adéno-lymphite suffit pour en obtenir la résolution.

Parfois l'abcès se reproduit à plusieurs reprises, et cela presque toujours au moment où la période menstruelle s'annonce. Cette reproduction de l'abcès péri-ganglionnaire ou péritonéal s'accuse par un malaise général, un état fébrile assez intense avec frissons répétés, une inappétence, des nausées et même des vomissements. A ces phénomènes généraux viennent s'ajouter les épreintes, le ténesme rectal ou vésical, les troubles de la miction, les douleurs abdominales. Le toucher vaginal et rectal fait reconnaître la tumeur. L'abcès se vide généralement pendant l'écoulement menstruel, parfois quelques jours après la cessation des règles, sans qu'il soit nécessaire de faire un traitement local. Telle est du moins l'évolution que j'ai observée un grand nombre de fois. Si, par hasard, l'abcès persiste, vous instituez le traitement tel que je l'ai prescrit pour cet accident de l'adéno-lymphite.

Parfois l'abcès péri-ganglionnaire, l'abcès péritonéal ont une tendance marquée à se frayer un passage soit du côté de la vessie, soit du côté des parois abdominales, soit même du côté de la cavité péritonéale.

Dans ces conditions vous n'hésiterez pas à donner issue au pus et, pour cela, vous procéderez à l'opération que je vous ai signalée, à l'opération connue sous le nom de laparotomie sous-péritonéale; elle vous permettra, tout en donnant issue au pus, de faire passer un drain à travers le vagin, de manière à laver le foyer purulent avec les solutions antiseptiques. En procédant ainsi, en quelques semaines la suppuration est tarie, la malade est guérie et vous avez évité les accidents inhérents à toute suppuration chronique et à l'ouverture de l'abcès dans la vessie, cause de douleurs vésicales intolérables et d'accidents graves qui compromettent grandement l'existence de la malade.

Tel est, Messieurs, le traitement local de l'adéno-lymphite et de ses complications. Combiné avec le traitement général, le traitement nosologique, et surtout le traitement hydro-minéral, ainsi que je le dirai, il vous donnera les résultats les plus satisfaisants non seulement parce que vous guérirez vos malades, mais encore parce que vous leur éviterez les accidents si graves de la péri-adénite suppurée, de la pelvi-péritonite suppurée, accidents que vous n'observez plus, depuis plusieurs années, dans le service gynécologique de Lourcine, depuis que j'ai institué la thérapeutique, objet de ces leçons.

Une des conséquences fréquentes de la métrite, ai-je dit, est la *stérilité*. Ce trouble fonctionnel, vous le savez, est pour la femme l'objet de grandes perturbations morales, de graves préoccupations; aussi mérite-t-il toute votre attention. De tout temps, du reste, les médecins et même les personnes étrangères à la médecine s'en sont préoccupés. Vous n'attendez pas de moi une étude approfondie de ce trouble physiologique dont vous vous rendez parfaitement compte d'après l'étude de la métrite et de ses diverses modalités cliniques.

Lorsque par une étude attentive vous vous êtes assurés que la stérilité résulte de l'inflammation utérine et non d'une lésion ovarique, d'une lésion ovulaire, d'une maladie dyscrasique, d'une lésion de la trompe ou d'un obstacle à l'arrivée de l'ovule dans la cavité utérine, vous faites le traitement local de la métrite ainsi que celui de ses diverses modalités anatomiques; vous rendez le plus souvent à la femme ses fonctions génératrices. Je ne compte plus les succès que j'ai ainsi obtenus, alors que les moyens les plus divers avaient été mis en œuvre pour remédier à cette perturbation physiologique. Il reste bien entendu que tout en vous assurant de l'état d'intégrité des organes génitaux de la femme, vous procédez avec la même rigueur d'examen à ceux de l'homme, à l'étude microscopique des spermatozoaires dont les lésions, vous le savez, sont tout aussi bien une cause de stérilité que les lésions utérines, ovariques et ovulaires.

Lorsque, après ces divers examens et la guérison de l'inflammation utérine, la stérilité persiste, et cela arrive parfois malgré l'intégrité absolue des organes de la génération chez l'un et l'autre sexe, vous devez en rechercher la cause dans l'impossibilité où se trouvent l'ovule et le spermatozoaire de se mettre en contact, et celle-ci trouvée, vous donnez les indications nécessaires pour que le spermatozoaire puisse facilement féconder l'ovule. Je ne vous les énumère pas parce que vous les trouverez dans une leçon faite dernièrement par M. le professeur Pajot et publiée dans le *Journal de Médecine de Paris*. En les suivant, vous obtiendrez, comme ce professeur, de bons résultats.

Mais, il faut savoir que ces moyens ne sont pas infaillibles et que parfois la stérilité persiste.

Alors, seulement, une dernière tentative vous reste : c'est celle de l'injection du sperme dans la cavité intra-utérine. Dans six cas, ce procédé m'a donné un succès complet. La réussite de cette opération est basée sur les indications suivantes : l'injection du sperme se fait trois jours après la cessation de l'écoulement menstruel; le sperme est recueilli dans le vagin au moment même de l'injection. C'est vous dire l'acte qui doit précéder immédiatement l'opération; il est en effet nécessaire que ce liquide ait sa température normale. L'injection doit être faite avec lenteur. Sitôt terminée, il faut appliquer un petit tampon de ouate sur l'orifice externe du col utérin, et faire garder à la femme un repos au lit pendant trois jours au moins. Une seule injection suffit ordinairement pour obtenir le résultat désiré; mais parfois il est nécessaire d'en pratiquer plusieurs autres, en laissant un intervalle de deux mois au moins entre chacune d'elles, afin de s'assurer que l'imprégnation n'existe pas et de connaître le résultat de l'opération sur la muqueuse utérine; car j'ai vu, une seule fois, il est vrai, une inflammation utérine due à l'introduction de la canule de la seringue à injection. Dans ce cas il a fallu traiter l'inflammation avant de procéder à une nouvelle injection spermatique.

En vous basant sur ces indications et ces contre-indications, en procédant à cette opération suivant les règles que je viens de poser, vous devez, Messieurs, fort de votre conscience de médecin instruit et probe, pratiquer en toute sûreté l'injection spermatique, qui seule peut remédier à la stérilité dans les cas nets et précis.

Pour terminer le traitement local de l'inflammation intra-utérine et de ses diverses modalités cliniques, il me reste à vous indiquer le traitement que comportent les *inflammations vulvaires* et *vaginales*, les *inflammations de la vessie* et du *rectum*, les *inflammations de la trompe* et de l'*ovaire* qui compliquent assez souvent la métrite.

La vaginite, à vrai dire, n'exige pas un traitement spécial. Le traitement de la métrite tel que je l'ai indiqué suffit pour guérir cette conséquence de l'inflammation utérine. Aussi le médecin ne doit nullement se préoccuper de l'inflammation vaginale; il ne traite cette affection que si elle persiste après la guérison de la métrite. Dans ce cas il met en usage les divers procédés thérapeutiques que j'ai indiqués dans mes leçons sur la vaginite.

La vulvite est de même justiciable du traitement de la métrite. Cependant il est parfois nécessaire de la traiter directement. Pour cela, vous aurez recours aux cataplasmes d'amidon, de fécule de pommes de terre, à l'application de compresses imbibées d'une solution d'amidon, d'une décoction de fleurs de sureau, de pavot, de feuilles de myrte.

S'il existe en même temps un prurit intense, vous prescrivez les lotions avec une solution de cocaïne à 1 pour 50 et même l'application d'un linge imbibé de cette solution. La solution de chloral à 5 pour 100 vous donnera de bons résultats soit en lotion, soit en application permanente. Souvent, au lieu de cette application permanente de compresses ou de charpie imbibées de la solution de chloral, je fais, après une lotion faite matin et soir avec une des décoctions précédentes, saupoudrer la vulve avec la poudre composée suivante :

    Acide salicylique................................... 10 grammes.
    Poudre de gomme.................................... 40   —
    Farine de blé...................................... 200   —

Contre la cystite, outre les boissons émollientes, mucilagineuses ou balsamiques, vous serez parfois obligé d'avoir recours à une instillation de quelques gouttes d'une solution de nitrate d'argent (1 gr. pour 50, 30 et même 20 grammes d'eau), suivant la purulence des urines, la chronicité de la lésion.

Les lavages de la vessie avec une solution d'acide borique (1 pour 100) donnent aussi d'assez bons résultats.

Les capsules de citrène, d'essence de térébenthine, les pilules de térébenthine cuite (5 centigr.), de goudron doivent en outre être prescrites.

La rectite, outre les lavements froids ou tièdes d'eau pure ou additionnée de cinq à six gouttes de laudanum de Sydenham, exige parfois l'application matin et soir d'un suppositoire opiacé ou belladoné (1, 2 et 3 centigrammes pour chaque).

La salpingite et l'ovarite nécessitent d'abord la médication antiphlogistique, quelques sangsues au niveau des fosses iliaques, puis la médication révulsive : badigeonnages à la teinture d'iode, vésicatoires et de préférence application de pointes de feu avec le thermo-cautère.

QUATORZIÈME LEÇON

SOMMAIRE. — TRAITEMENT GÉNÉRAL, TRAITEMENT NOSOLOGIQUE : *a. Métrite scrofuleuse :* huile de foie de morue; iode; sels d'or et de sodium; phosphate de chaux; phosphate de fer, indications et contre-indications; soufre. *b. Métrite syphilitique :* injections hypodermiques de peptone mercurique; iodure de potassium ou de sodium. *c. Métrite arthritique :* sels de soude, de chaux, de lithine; colchique; ergotine; fer. *d. Métrite herpétique :* sels arsenicaux et sulfureux. *e. Métrite chlorotique :* préparations ferrugineuses; toniques; amers. *f. Métrite tuberculeuse. g. Métrite cancéreuse.* — TRAITEMENT GÉNÉRAL DE LA MÉTRITE NON DIATHÉSIQUE.

Messieurs,

Le traitement local de la métrite aiguë ou chronique, autrement dit, le traitement anatomique, le traitement de la lésion est le même, qu'il s'agisse d'une inflammation utérine d'origine constitutionnelle ou d'origine traumatique. Dans l'un et l'autre cas, il donne les meilleurs résultats. Mais, pour que la réussite soit complète, il est nécessaire de lui adjoindre un traitement général ayant pour but de relever les forces vitales, d'améliorer la nutrition, de favoriser l'assimilation et la désassimilation cellulaire, afin d'activer la résolution et la résorption des produits inflammatoires. Le traitement général s'impose surtout, alors que, la métrite étant d'essence dyscrasique, constitutionnelle ou diathésique, il faut modifier l'état dyscrasique qui, nous l'avons vu, non seulement préside au développement de l'affection utérine, mais encore en retarde la guérison par les récidives fréquentes qu'il suscite. Ce n'est, en effet, qu'à cette condition que la physiologie de l'utérus retrouve son activité et que le traitement local possède toute son énergie.

Le traitement général et le traitement nosologique doivent donc toujours être associés au traitement anatomique. J'en dirai tout autant du traitement pathogénique.

En quoi consistent donc, Messieurs, le traitement général et le traitement nosologique de la métrite?

Je m'occuperai tout d'abord de ce dernier, parce que les différents agents thérapeutiques que je vais passer en revue s'appliquent aussi bien à la métrite traumatique qu'à la métrite dyscrasique.

Le traitement nosologique, ainsi que je l'ai dit dans mon *Traité clinique des affections utérines,* comprend surtout la médication interne, c'est-à-dire l'emploi de médicaments proprement dits qui possèdent, non pas une action spécifique, mais bien une action modificatrice plus ou moins puissante, plus ou moins énergique, de la nutrition générale. A côté de ces agents médicamenteux se placent les eaux minérales, puissants agents modificateurs qui prennent l'organisme par toutes ses surfaces, qui, par leur action excitante et résolutive, agissent énergiquement sur la contractilité utérine, sur la circulation de cet organe, et peuvent être considérées non seulement comme des agents généraux exerçant leur action sur l'ensemble de l'économie, mais encore comme des agents ayant pour la plupart une action spéciale, élective, sur l'utérus, ainsi du reste que sur tous les autres organes. A ce titre donc l'emploi des eaux minérales dans le traitement de la métrite comporte des indications et des contre-indications.

Je ne saurais oublier l'hydrothérapie, et la thérapie marine dont l'action reconstituante, excitante et résolutive joue un rôle des plus actifs dans la thérapeutique des maladies dyscrasiques et par suite des affections qui en découlent.

L'hygiène, elle-même, ne doit pas être négligée dans le traitement nosologique de l'affection utérine; son rôle est même prépondérant, si j'ose m'exprimer ainsi. En présence d'une affection dyscrasique, le médecin ne doit-il pas, en effet, régulariser tout d'abord la nutrition, éviter les excès ou les écarts de régime qui affaiblissent l'organisme et favorisent l'éclosion des germes morbides; ne doit-il pas proscrire les veilles, les diverses fatigues dues aux passions, les boissons alcooliques ou excitantes; ne doit-il pas proscrire l'oisiveté ou seulement l'insuffisance de l'exercice musculaire? Les moyens hygiéniques sont donc des modificateurs de chaque jour, qui, par cela même, impriment constamment une direction nouvelle, réparatrice à la nutrition, et que le médecin ne doit pas oublier de mettre en œuvre en présence d'une affection d'origine constitutionnelle ou diathésique.

Ceci dit, passons maintenant en revue les diverses médications qui constituent le traitement nosologique de la métrite, en tenant compte non seulement de la maladie générale, mais encore de la modalité clinique imprimée à l'affection par la lésion, par les signes physiques, par les phénomènes sympathiques, par le tempérament de la malade.

Le traitement de la *métrite scrofuleuse* consiste dans la prescription de l'huile de foie de morue, du brome, de l'iode, du chlorure de sodium, du chlorure d'or, du phosphate de chaux, du phosphate de soude, du phosphate de fer.

L'huile de foie de morue se prescrit généralement l'hiver, à la dose de 20, 40 et 60 grammes par jour. Si l'huile de foie de morue n'est pas tolérée, il faut, suivant la formule donnée par Trousseau, prescrire le mélange suivant :

Beurre très frais	300 grammes.
Iodure de potassium	15 centigrammes.
Phosphore	1 —
Bromure de potassium	1 gramme.
Chlorure de sodium	3 —

à prendre en trois jours sur du pain.

Les sels d'or et de sodium se donnent de préférence pendant l'été. On les combine suivant la formule :

    Eau distillée.. 1 litre.
    Chlorure d'or.. 1 gramme.
    Chlorure de sodium............. 1   —

Une cuillerée à café pendant chaque repas dans un verre d'eau rougie. La dose peut être élevée jusqu'à quatre, six cuillerées à café par jour, suivant la tolérance de l'estomac et de l'intestin.

Les préparations iodées rendent de grands services. C'est ainsi que vous prescrivez l'iode sous forme d'iodure de sodium, d'iodure de potassium, de teinture d'iode. Les iodures sont donnés à la dose de 25 centigrammes à 1 gramme, mélangés à du sirop d'écorces d'oranges amères, avant chaque repas. La teinture d'iode, au contraire, devra être prise pendant le repas, mélangée à l'eau rougie, afin d'éviter les accidents gastro-intestinaux si souvent déterminés par cet agent. Sa dose varie entre 5 à 20 gouttes par jour pendant vingt jours chaque mois.

Les antiscorbutiques tirés, comme vous le savez, de la famille des crucifères, doivent leurs propriétés antiscrofuleuses à l'iode qu'ils contiennent. Le vin antiscorbutique est une bonne préparation. Je le prescris à la dose de 20 à 40 grammes, dans une tisane amère (salsepareille, tisane des cinq racines, ou enfin eau de noyer).

L'arséniate d'or, à la dose de 1/2 milligr. en pilule avant chaque repas m'a donné de bons résultats.

Amédée Latour donnait le chlorure de sodium associé au tannin pour combattre la scrofule :

    Chlorure de sodium.................................... 10 grammes.
    Tannin.. 10   —
    Conserves de roses..................................... Q. S.
        F. S. A.

100 pilules. De quatre à huit par jour au moment des repas.

Je signale encore les amers, les dépuratifs, les ferrugineux. A l'iodure de fer (0,10 centigr.) souvent employé, je préfère la solution suivante :

    Eau.. 1.000 grammes.
    Tartrate ferrico-potassique.......................... 10   —

Une cuillerée à bouche avant le repas.
Afin d'éviter que les dents noircissent sous l'influence du fer, il faut recommander l'emploi d'un chalumeau pour prendre cette solution.

L'arséniate de soude, d'après la formule suivante, est parfois très utile dans la métrite scrofuleuse :

    Arséniate de soude............................... 20 centigrammes.
    Eau... 500 grammes.

Une cuillerée à bouche, pendant le repas, dans un peu d'eau rougie, afin d'éviter l'action irritante de cet agent sur l'estomac.

Trousseau a préconisé la ciguë. On donne la poudre de semences ou l'extrait de ciguë. Le plus ordinairement, je les combine suivant la formule :

Poudre de semences de ciguë........................ 10 centigrammes.
Extrait de ciguë................................... 1 —

Pour une pilule. De une à quatre par jour avant le repas.

Je vous recommande le phosphate de chaux à la dose de 1 à 2 grammes, et le phosphate double de fer et de chaux à la même dose. Ces deux médicaments sont très utiles alors que l'huile de foie de morue n'est pas tolérée et surtout alors que l'anémie est très prononcée.

En guise d'eau simple, les malades doivent prendre comme boisson l'eau de noyer. Dans certains cas, je prescris des pilules contenant chacune 10 centigrammes d'extrait de feuilles de noyer (de une à six par jour), à prendre avant le repas.

Ces différents médicaments ont une double action ; ils agissent sur la maladie générale, dyscrasique : scrofule ; sur l'utérus dont ils réveillent la contractilité, dont ils excitent la circulation. C'est à ce double titre qu'ils sont résolutifs, qu'ils accélèrent la résorption des exsudats lymphoïdes inflammatoires.

L'indication de leur administration est formelle toutes les fois que la métrite chronique scrofuleuse est torpide, que le volume du corps et du col est augmenté, que la leucorrhée est purulente, abondante par suite de l'hyperplasie et de l'hypertrophie des follicules glandulaires de la muqueuse, que l'aménorrhée est fonctionnelle, résultant d'une fluxion menstruelle incomplète. Dans ce dernier cas, le médecin prescrira surtout les préparations iodées dont les propriétés excitantes sont bien connues. Mais pour que cette action soit réellement efficace, il est nécessaire de s'assurer que la circulation utérine est redevenue normale, car, si cela n'était, la congestion utérine serait augmentée, et elle le serait d'autant plus que l'anatomie pathologique nous a montré l'effacement des vaisseaux utérins, artériels, veineux et lymphatiques, par suite de leur compression par les produits inflammatoires.

Cette augmentation de la congestion utérine se traduit par une exacerbation de l'adéno-lymphite péri-utérine. C'est là pour le médecin un critérium excellent de l'indication des préparations iodées, surtout de l'époque où elles doivent être prescrites pendant l'évolution de la métrite scrofuleuse.

Ne croyez pas, Messieurs, que j'exagère en vous donnant ces préceptes de thérapeutique générale utérine ; ils sont des plus exacts, basés qu'ils sont sur une pratique qui, vous le savez, est des plus étendues. C'est parce que je vois tous les jours ces médicaments prescrits, alors que leur indication n'est pas posée, produire les accidents parfois les plus graves, tels que douleurs utérines excessives, suppuration de la péri-adénite utérine, extension de la pelvi-péritonite, que je puis aujourd'hui donner des indications et des contre-indications aussi positives.

Dès que la circulation utérine est rétablie, prescrivez hardiment les préparations martiales, iodées, chlorurées, sodiques et arsenicales, et vous constaterez rapidement la résorption et la résolution des exsudats inflammatoires utérins et lymphatiques.

Cette indication de la prescription d'agents excitant la contractilité utérine, se retrouve à propos des eaux minérales, de l'hydrothérapie et de la thérapie marine. Vous verrez alors l'utilité d'en tenir grand compte. Je n'insiste pas; il me suffit d'avoir éveillé votre attention sur ce point. Je vous dirai seulement que ce précepte de thérapeutique générale, de thérapeutique nosologique s'applique à toute inflammation utérine quelle que soit son origine dyscrasique, diathésique ou traumatique.

Ce qui précède s'applique surtout à la médication générale par le soufre et ses composés qui, vous le savez, sont des agents modificateurs puissants de la nutrition, des excitateurs énergiques de la fibre musculaire lisse, de la contractilité utérine par conséquent. En effet, en augmentant, ainsi que le chlorure de sodium, l'activité fonctionnelle de la peau, en excitant la diaphorèse, en favorisant l'énergie circulatoire périphérique le soufre stimule la circulation locale de tous les organes et active ainsi la résorption des exsudats inflammatoires; excitateur en outre de la contractilité utérine, il active la résolution et la résorption des produits lymphoïdes utérins, en même temps qu'il arrête la prolifération si abondante des éléments épithéliaux, caractéristique de l'inflammation de la muqueuse utéro-vaginale.

Parmi les préparations de soufre, j'emploie surtout les composés sulfurés, tels que le sulfure de potassium, le sulfure de sodium, en solution à la dose de 20 à 35 grammes dans un bain, pendant la durée duquel la malade fait usage de la canule vaginale, afin que le soufre puisse exercer son action sur la muqueuse comme il l'exerce sur la peau. En même temps, je prescris à l'intérieur un à deux verres d'une eau sulfureuse, telles que Challes, Eaux-Bonnes, Bigorre, Labassère, Bondonneau, La Raillière Cambo, Moligt, la Preste, etc., etc.

Telle est, Messieurs, la médication générale que comporte la métrite scrofuleuse, à l'hôpital ou en ville. Pendant l'été, vous y joignez la thérapie minérale ou marine suivant les indications que je me propose de vous faire connaître dans une étude toute spéciale.

Le traitement nosologique de la *métrite syphilitique* est des plus simples. Tout d'abord il faut pratiquer les injections hypodermiques de la solution de peptone mercurique ammonique représentant la dose de 10 milligrammes de sublimé par jour. Vous connaissez tous l'action rapide de ce traitement sur les manifestations de la syphilis. Depuis cinq ans qu'il est institué exclusivement dans mon service, vous n'observez plus les accidents syphilitiques graves; aussi êtes-vous convaincus que les injections hypodermiques constituent aujourd'hui le seul et vrai traitement des manifestations syphilitiques quelles que soient leur bénignité ou leur gravité. Quant à moi, Messieurs, c'est ma conviction profonde; elle est basée sur plus de cinq mille syphilitiques ainsi traités. Quels qu'aient été les accidents syphilitiques, je les ai toujours vus cesser avec rapidité; aussi ne saurais-je trop vous recommander une thérapeutique qui a pour elle non seulement la sanction du temps, mais encore celle des faits recueillis par mes élèves et conservés dans les archives du service.

Après deux mois de ce traitement vous prescrivez l'iodure de potassium ou de préférence l'iodure de sodium suivant la formule :

<pre>
Eau... 200 grammes.
Iodure de sodium................................. 40   —
</pre>

Une à trois et quatre cuillerées à café par jour (c'est-à-dire de 1 à 3 et 4 grammes).

Le traitement de la *métrite arthritique* consiste dans l'emploi des sels de soude : bicarbonate, benzoate, silicate, salicylate; des sels de chaux : carbonate, salicylate; des sels de lithine; des sels arsenicaux. Le colchique d'automne est de même d'un emploi fréquent.

Vous prescrivez le bicarbonate de soude à la dose de 2, 4 et 8 grammes par jour, en solution, soit dans une infusion, soit dans un sirop de fume-terre, de pariétaire; le benzoate, le silicate à la dose de 20 à 60 centi-grammes par jour; le salicylate de soude ou de lithine à la dose de 1, 2, 3 et 4 grammes par jour. Ces derniers sels doivent être pris au moment du repas; leur action doit être attentivement surveillée; les fonctions rénales surtout doivent être intactes. Vous prescrivez le bicarbonate, le benzoate, le silicate de soude lorsque la métrite arthritique se présente avec la moda-lité clinique si commune : la lithiase hépatique et rénale; le salicylate, si la métrite est irritable, douloureuse, accompagnée de névralgie iléo-lombaire, ovarique, etc., etc. Vous prescrivez le bicarbonate de chaux, le salicylate de chaux, à la dose de 50 centigrammes à 1 gramme, lorsque la métrite s'accompagne de dyspepsie acide et flatulente.

Les sels arsenicaux se prescrivent surtout sous forme d'arseniate de soude, alors qu'il existe des douleurs articulaires, que la métrite arthritique existe chez une femme présentant en même temps un tempérament lym-phatique. Cette coïncidence est en effet très fréquente.

Les sels de magnésie, sulfate et chlorure, se donnent de préférence lorsque la métrite arthritique s'accompagne de pléthore abdominale, d'obé-sité, de constipation.

Le colchique d'automne, à la dose de 20 à 50 centigrammes de tein-ture dans une infusion de pensées sauvages, me donne de très bons résul-tats. On peut le donner aussi sous forme de poudre (0,05 à 0,10 cent. par jour). Je prescris ces préparations pendant trois jours de suite ; et après un repos de dix à quinze jours, je les prescris à nouveau pendant trois jours, et ainsi de suite pendant plusieurs mois. Cette médication est surtout indiquée alors que la malade est atteinte de nodosités articulaires, de rhumatisme chronique.

A ces diverses préparations j'ajoute les sels de fer, l'ergotine, la poudre fraîche d'ergot de seigle si la métrite arthritique se présente avec sa modalité clinique si commune, la ménorrhagie. Dans ce cas, je prescris de préférence la poudre d'ergot de seigle à la dose de 1 gramme par jour pendant trois jours; dans l'intervalle des règles, si l'anémie est prononcée, je fais prendre avant chaque repas une cuillerée à bouche de la solution au tartrate-ferrico potassique (10 gr. pour 100 gr. d'eau). L'ergot de seigle augmente la contractilité utérine, décongestionne l'utérus.

Les indications de ces divers agents thérapeutiques sont celles que j'ai données pour la métrite scrofuleuse. Ils ne doivent être prescrits qu'alors que la circulation utérine a repris son cours. Quant aux préparations ferrugineuses, il faut savoir qu'elles ne doivent jamais être prescrites alors que l'adéno-pelvi-peritonite est à l'état subaigu ou aigu.

La *métrite herpétique* nécessite la médication arsenicale et sulfureuse.

L'arseniate de soude se prescrit suivant la formule :

    Eau distillée............................... 500 grammes.
    Arseniate de soude.......................... 10 à 20 centigrammes.

Une cuillerée à bouche prise, pendant chaque repas, dans un verre d'eau rougie.

Il faut en général donner de faibles doses de façon à pouvoir continuer longtemps l'usage de ce médicament.

Lorsque l'anémie est prononcée, vous pouvez recourir à l'usage de l'arseniate de fer, à la dose de 10 à 25 milligrammes par jour, sous forme pilulaire, associé à l'extrait de fumeterre, de patience. Cette préparation est assez infidèle. Elle s'altère facilement et surtout promptement, aussi je préfère l'administrer sous la forme suivante.

On fait deux solutions.

Solution A :

    Eau distillée... 300 grammes.
    Pyrophosphate de fer citro-ammoniacal................. 3   —

Solution B.

    Eau distillée... 300 grammes.
    Arseniate de soude.................................... 3 centigrammes.

Une cuillerée à bouche de chaque solution est prise immédiatement avant chaque repas.

En même temps je prescris les bains où je fais mettre le mélange suivant :

    Amidon.. 500 grammes.
    Arseniate de soude.................................... 10   —
    Carbonate de soude.................................... 125   —

On peut de même prescrire les bains sulfureux ainsi préparés :

    Gélatine.. 500 grammes.

dissoute préalablement à l'eau chaude; puis on ajoute :

    Sulfure de sodium..................................... 30 grammes.

De toutes les métrites constitutionnelles, la métrite herpétique est la plus difficile à guérir, à cause de ses récidives faciles. Aussi faut-il lutter énergiquement et ne pas désespérer du succès final. C'est surtout au traitement thermal qu'il faut s'adresser, et vous verrez, Messieurs, qu'en saisissant bien les indications de ce traitement, le médecin est assuré en fin de compte d'un bon résultat.

La *métrite chlorotique* est traitée par les préparations ferrugineuses, arsenicales, les toniques, le quinquina, le tannin, les vins de Malaga, de Bagnuls, de Saint-Raphaël. La coca, la kola, prises sous forme de vins, d'élixirs, sont très utiles pour réveiller les fonctions digestives, languissantes et paresseuses. Les amers : quassia amara, gentiane, colombo, sont prescrits en même temps.

Les bains sulfureux, les bains chlorurés sodiques (une livre de sel gris pour un bain) donnent de bons résultats. Mais, dès que les indications se présentent, il faut recourir aux eaux minérales et thermales, à l'hydrothérapie, à la thérapie marine, qui, le plus souvent, assurent la guérison.

Le traitement de la *métrite tuberculeuse* ne comporte actuellement aucune médication spéciale ; nous ne connaissons pas encore les médicaments spécifiques du bacille tuberculeux. Espérons qu'il n'en sera pas toujours ainsi et que bientôt nous serons armés contre la tuberculose et ses diverses manifestations locales.

La médication nosologique de la métrite tuberculeuse n'existe donc pas. Vous devez vous borner à une médication tonique, légèrement excitante des fonctions digestives, à une médication reconstituante. C'est ainsi que vous prescrirez le quinquina, l'arsenic, l'huile de foie de morue et la glycérine pure à haute dose (100 à 250 grammes par jour). Parfois il est nécessaire de l'aromatiser avec quelques gouttes d'essence de menthe anglaise. Le chlorhydro-phosphate de chaux en solution, à la dose de 1 à 2 grammes par jour, le phosphate double de fer et de chaux seront de même très utilement prescrits. Lorsque le quinquina ne peut être supporté, mon collègue et ami le docteur Dujardin-Beaumetz a proposé la mixture suivante :

Phosphate de soude...................................	6	grammes.
Phosphate de potasse.................................	3	—
Vin de Banyuls......	200	—
Sirop d'écorces d'oranges............................	60	—

Un verre à liqueurs à la fin de chaque repas.

Le traitement nosologique de la *métrite cancéreuse* est aussi nul que celui de la métrite tuberculeuse. On a essayé tour à tour les médications les plus diverses ; aucune n'a réussi. On a préconisé les sels d'or, les sels arsenicaux, les sels potassiques, mercuriels, sodiques, etc., etc. ; l'insuccès a été complet. Le traitement local, c'est-à-dire l'extirpation de l'organe est le seul qui paraît avoir donné quelques résultats heureux.

Dans ces dernières années on a préconisé la térébenthine de Chio. J. Clay la prescrit suivant la formule suivante :

Térébenthine de Chio......	6	grammes.
Fleur de soufre	4	—
F. S. A.		

50 pilules, de trois à huit par jour, une demi-heure après le repas.

Je n'ai obtenu aucun résultat. Cependant, j'ai fait une remarque : c'est qu'en mélangeant le mastic et la fleur de soufre, on combat efficacement les poussées congestives, douloureuses de la métrite chronique ; la ménorrhagie est réprimée, diminue et cesse.

Le *traitement général de la métrite traumatique, de la métrite non dyscrasique*, consiste, ainsi que le précédent, dans la prescription d'agents tirés de la matière médicale, dans la prescription des eaux minérales, de l'hydrothérapie et de la thérapie marine. De même que le précédent, il tire ses indications de l'évolution de l'inflammation utérine, de sa modalité clinique ou anatomique, des troubles sympathiques. C'est en tenant compte de ces indications que le médecin établit une thérapeutique générale, raisonnée, et apte, concurremment avec le traitement anatomique, à produire une guérison prompte et assurée. Cette médication générale comprend la médication tonique et reconstituante, parfois la médication révulsive et résolutive, et souvent la médication excitante.

Vous prescrirez donc les préparations ferrugineuses suivant les formules que je vous ai données. Parmi ces préparations il en est une dont je fais fréquemment usage depuis quelques mois et qui donne de bons résultats. Je veux parler du sirop d'hémoglobine du docteur Deschiens, à la dose de deux à quatre cuillerées à bouche par jour prises avant le repas. C'est une bonne préparation, qui ne fatigue nullement les organes digestifs, qui est très bien supportée par les malades et dont les propriétés analeptiques ont une action assez prompte. J'en dirai autant des dragées d'hématosine qui m'ont paru très bien réussir sur plusieurs malades du service. Je vous recommande encore le phosphate double de fer et de chaux, tel que je donne à la dose de 50 centigrammes avant chaque repas. C'est de même une bonne préparation qui agit rapidement et qui est aussi très bien supportée par l'estomac.

Lorsque la constipation est opiniâtre et que les préparations ferrugineuses sont indiquées, je prescris les pilules suivantes :

Tartrate ferrico-potassique............................	10 grammes.
Poudre d'aloès..	} ãã 2 —
Poudre de castoréum..................................	
Poudre de safran.....................................	1 —
Térébenthine de Venise...............................	Q. S.

Pour 100 pilules, deux à trois avant chaque repas
Une nourriture substantielle, les vins de Bordeaux, de Saint-Raphaël, de quinquina seront recommandés.

Les frictions sèches, matin et soir, sur tout le corps, avec un gant de crin, pendant une demi-heure, suivies d'une pulvérisation à l'eau de Cologne pure, rendent les plus grands services au médecin; aussi doivent-elles toujours être prescrites. Je me suis expliqué sur leur action générale et locale; je n'y reviens pas.

Les bains additionnés de sels de Pennès, de « pine neeld fluid », d'eucalyptus, d'un infusion de tilleul, d'une décoction de pavot et de laurier-amande, sont prescrits suivant qu'il s'agit d'obtenir une action excitante ou une action sédative.

La médication générale vous donnera, Messieurs, de bons résultats; mais, sachez-le, ils seront plus prompts, plus nets, plus persistants si vous vous adressez en même temps à la thérapie minérale, à l'hydrothérapie, à la thérapie marine. Vous trouverez, ainsi que je vais le dire, dans ces différents agents thérapeutiques, de merveilleuses ressources pour compléter et obtenir la guérison de la métrite non dyscrasique. Vous les y trouverez au même titre que pour la métrite dyscrasique, constitutionnelle ou diathésique. Aussi vais-je donner à l'étude si intéressante de ces diverses médications un certain développement pour lequel je vous demande toute votre attention.

QUINZIÈME LEÇON

Messieurs,

Le traitement nosologique, le traitement général de la métrite trouve, ai-je dit, de précieuses ressources dans la médication par les eaux minérales, par l'hydrothérapie, par la thérapie marine. Avec cette médication, en effet, le médecin agit non seulement sur l'état général, dyscrasique, constitutionnel ou diathésique, en régularisant, en modifiant, en activant la nutrition ralentie, pervertie, mais encore sur l'état local, en excitant la contractilité musculaire et vasculaire de l'utérus, en rendant à la cellule utérine toute son activité.

L'application de la thérapeutique thermo-minérale au traitement de la métrite est toute d'actualité. Elle ne remonte pas à plus de quarante à cinquante ans. Ce n'est pas que les anciens médecins n'aient préconisé les eaux minérales contre certaines lésions, contre certains troubles fonctionnels et même contre certains désordres généraux de l'économie ; mais là se bornait pour eux l'utilité de la médication. Ils ne nous ont laissé aucuns renseignements sur les indications et les contre-indications de cette médication générale ; sur son emploi suivant la nature de la métrite et notamment sur le moment précis où elle devait être prescrite. Mais, à mesure que, par suite des travaux de médecins hydrologues distingués, de chimistes éminents, sur la constitution intime des eaux minérales, sur leur action générale et locale, de nouvelles applications thérapeutiques surgissaient, les indications se multiplièrent et le traitement de la métrite par la médication thermale se généralisa.

Parmi les médecins qui ont le plus contribué à la progression de ces études, je citerai Durand-Fardel, Pidoux, Noël Guéneau de Mussy, Gubler, Desnos, Tillot, Caulet, de Ranse, etc., etc.

Je signalerai aussi à votre attention les discussions si intéressantes qui eurent lieu au sein de la Société d'hydrologie de Paris et qui se poursuivent tous les ans, tant ce sujet est intéressant et important. Moi-même j'ai consacré à cette étude, dans mon *Traité clinique des affections utérines*, de longs développements.

« Les eaux minérales, en qualité de solutions minérales, variables, ainsi que l'a dit Gubler, par la nature des éléments, leurs modes de combinaisons, leurs états allotropiques et leurs forces latentes, constituent des modificateurs puissants de la crase sanguine, de la nutrition, de la morphose. » Par la variété de leur composition, de leur température, elles se prêtent aux usages les plus multiples et répondent aux exigences thérapeutiques les plus diverses. Il est donc important pour le médecin d'en connaître la composition chimique, l'action physique et physiologique, afin qu'il puisse imprimer à sa thérapeutique une direction sûre et non empirique, ainsi que je le vois faire trop souvent encore aujourd'hui. Ce n'est, en effet, qu'à l'aide de toutes ces connaissances qu'il peut poser les indications et les contre-indications du traitement de la métrite par une eau minérale.

Dans mon traité clinique j'ai consacré de longs développements à la composition intime des eaux minérales, à leur classification, à leur action physiologique; sauf quelques modifications légères que je vous ferai connaître à propos du traitement applicable à la nature de la métrite, je n'ai rien à ajouter à ce que j'ai dit, il y a huit ans; aussi je n'insiste pas. Je veux seulement appeler votre attention sur les indications et les contre-indications que je signalais déjà à cette époque et qui me paraissent trop souvent négligées par les médecins et par les hydrologistes eux-mêmes, si j'en juge par les faits que j'observe journellement.

Ces faits, ainsi que je vais le dire, montrent notamment que le moment précis où la métrite est justiciable de la thérapeutique minérale, n'est pas encore suffisamment établi; aussi en résulte-t-il des aggravations de l'affection, parfois des accidents graves pouvant aller jusqu'à la mort. Heureux les cas où l'affection reste stationnaire.

Dans le traitement minéral de la métrite, comme dans celui de toute affection, en dehors des indications basées sur l'action directe ou indirecte des eaux minérales, il existe des indications et des contre-indications qui reposent sur l'état actuel de la malade, sur l'évolution, sur la modalité anatomique et clinique, sur la nature et la cause de l'affection utérine, sur les phénomènes sympathiques, etc., etc.

C'est ainsi que la métrite aiguë, l'adéno-lymphite aiguë constituent une contre-indication formelle au traitement thermo-minéral.

La métrite chronique seule peut être soumise au traitement minéral. A quelle phase de son évolution faut-il le commencer? Telle est la question que doit, tout d'abord, se poser le gynécologue.

Il n'est pas indifférent, ainsi que le prétendent quelques hydrologues, de traiter par les eaux minérales la métrite à n'importe quelle période de l'inflammation utérine. En effet, ainsi que je viens de le dire, si le moment n'est pas bien fixé, l'affection non seulement reste stationnaire, mais encore s'aggrave et le plus souvent les accidents les plus formidables se déclarent.

Mon collègue et ami le docteur Desnos, médecin de l'hôpital de la Charité, dans son mémoire sur cette question, a posé avec précision les bases du traitement thermo-minéral : « Il faut, dit-il, avant de commencer ce traitement, que la matrice ait été convenablement préparée à la cure thermale; il faut que la malade ait été préalablement soumise à un traitement avant de recourir au traitement thermo-minéral. » C'est le précepte que j'ai établi plus tard en disant : une métrite ne doit être soumise à un traitement excitant (la médication thermo-minérale l'est au premier chef), que lorsque la circulation utérine est rétablie, que lorsque la résorption et la résolution des produits lymphoïdes peuvent se produire, que lorsque la cellule a repris ses fonctions physiologiques. C'est parce que les médecins se sont écartés de cet axiome, c'est parce que les hydrologues l'oublient trop souvent, que, tous les jours, je vois des malades revenant de faire un traitement aux eaux minérales, répété parfois pendant plusieurs années de suite, se présenter dans un état stationnaire, jamais guéries et le plus souvent avec des accidents graves. Rien ne me serait plus facile que de vous citer des observations de malades venant des eaux minérales réputées dans le traitement de l'inflammation utérine, qui se plaignent non seulement de n'avoir retiré aucun bienfait de leur cure, mais encore accuser une aggravation de leur état. Chez ces malades, je constate, en effet, toujours une métrite chronique avec un tissu dur, scléreux, une adéno-lymphite très prononcée, et dans quelques cas une péri-adénite considérable ayant suppuré ou suppurant quelques semaines plus tard. J'ai même constaté ces aggravations chez des femmes qui avaient subi un traitement minéral pour des affections autres qu'une métrite, telles par exemple une affection du foie, de l'estomac, du poumon, une affection nerveuse. Ces malades, se considérant guéries d'une ancienne affection utérine ou ne soupçonnant nullement leur utérus malade, commençaient un traitement minéral qui, dès les premiers jours, produisait des accidents utérins et péri-utérins sérieux et graves. J'ai vu notamment des dames qui s'étaient rendues à Vichy pour y suivre le traitement de la lithiase biliaire ou rénale, présenter au bout de quelques jours tous les phénomènes d'une métrite subaiguë, aiguë même, avec péri-adénite phlegmoneuse ayant suppuré, notamment dans deux cas, quinze jours après leur arrivée à Paris, quoique le traitement minéral ait été cessé dès l'apparition des symptômes.

Comment, Messieurs, n'en serait-il pas ainsi, alors que les eaux minérales, outre leur action générale, altérante, résolutive, parfois sédative, possèdent toutes, même les moins riches en sels, une action utérine, plus ou moins accusée, mais toujours sensible, se traduisant par une excitation de la fibre utérine et de la fibre vasculaire ? Je ne veux pour preuve de cette action que les observations des médecins hydrologues. C'est ainsi que le docteur Caulet, l'éminent inspecteur des eaux de Saint-Sauveur (Hautes-Pyrénées), nous dit qu'en général, au bout d'un septénaire de traitement, les malades éprouvent dans le bas-ventre des pincements, des pesanteurs, des tensions, qu'elles sentent en un mot « leur matrice » ; qu'elles présentent une leucorrhée séreuse plus ou moins abondante, intermittente, qu'il désigne sous le nom d'*hydrorrhée minérale*. C'est ainsi que le docteur Robert (de Cauterets) constate que ces eaux mettent les fibres utérines et les petites fibres des artérioles dans un état de striction semblable à celui que crée l'administration du seigle ergoté. C'est ainsi que tous les médecins de Salins (Jura), de Salies-de-Béarn (Basses-Pyrénées), constatent la même action, alors qu'ils nous signalent, sous l'influence du traitement par les eaux chlorurées sodiques fortes, les heureuses modifications subies par les myômes utérins : diminution, cessation même des ménorrhagies qui accompagnent habituellement ces lésions. De leur côté, les médecins de Vichy signalent l'heureuse influence des eaux bicarbonatées sodiques fortes sur les myômes utérins.

Ces faits signalés à propos des eaux sulfureuses, des eaux chlorurées sodiques, des eaux bicarbonatées sodiques, se retrouvent à propos des eaux ferrugineuses, arsenicales, à propos des eaux faiblement minéralisées, telles que les eaux de Néris, de Plombières.

L'action utérine des eaux minérales ne peut donc être mise en doute. Elle rend compte aussi des avortements qui se produisent pendant la cure thermale, alors que le médecin a méconnu l'état de grossesse.

Cette action spéciale des eaux minérales sur l'utérus se trouve du reste en rapport avec les données physiologiques que vous connaissez. Que voyons-nous, en effet? Sous l'influence des douches générales, des bains minéraux, les nerfs de la peau sont vivement excités. Cette excitation réagit sur les nerfs vaso-moteurs, d'où les contractions réflexes des muscles lisses des différents organes. Il s'ensuit une activité plus grande des phénomènes de nutrition, un accroissement plus considérable de l'assimilation et de la désassimilation, d'où des échanges constants et faciles entre la cellule et les liquides qui l'entourent. Ces échanges seront d'autant plus faciles, la résolution des produits inflammatoires sera d'autant plus active, que ces produits seront en dégénérescence granulo-graisseuse, condition essentielle, ai-je dit, de leur résorption. Il s'ensuit donc la nécessité de préparer, pour ainsi dire, la matrice enflammée à subir cette action modificatrice ; ce à quoi tend le traitement local institué préalablement à la médication thermo-minérale. En d'autres termes, le traitement par les eaux minérales ne doit être institué que lorsque le travail résolutif est en pleine activité. Alors, seulement alors, l'action des eaux minérales sera bienfaisante et non nuisible. Vous n'aurez plus à craindre l'excitation d'un organe profondément altéré dans sa nutrition, l'excitation d'un organe où les mouvements d'assimilation et de désassimilation ne peuvent s'accomplir par suite des lésions vasculaires que nous a révélées l'anatomie pathologique.

Nous retrouvons donc pour le traitement thermo-minéral les mêmes indications que pour la médication générale interne.

Je suis convaincu qu'actuellement vous partagez mon opinion sur ce point spécial de la thérapeutique utérine et que vous reconnaissez avec moi la sagesse du précepte :

« Le traitement thermo-minéral ne doit être prescrit qu'alors que la circulation utérine a repris son activité, que les fonctions d'assimilation et de désassimilation se produisent, que la résorption des produits granulo-graisseux peut s'opérer. » Pour obtenir ces résultats, il est donc nécessaire que la métrite ait subi un traitement préparatoire, que la matrice, ainsi que l'a dit Desnos, ait été convenablement préparée à la cure thermale. Dans ces conditions, non seulement vous n'aurez à redouter aucun accident, mais encore vous activerez la résolution et la résorption des produits lymphoïdes, et vous aurez la satisfaction de guérir une affection regardée comme incurable encore aujourd'hui par la plupart des gynécologues et des médecins.

C'est parce que, depuis huit ans, je ne me suis jamais départi de cette règle, que j'affirme hautement la guérison de la métrite chronique. C'est en me basant, ainsi que l'a dit Gubler, sur l'action métacrasique (antiplastique), métatrophique (fondante, résolutive), allatrophique (métamorphique, métatropique) des eaux minérales sur les maladies dyscrasiques, constitutionnelles ou diathésiques, ainsi que sur leur action utérine spéciale, que je

7

suis arrivé à cette conviction, que vous partagez avec moi, j'en suis certain.

Le médecin hydrologue a un rôle tout tracé ; son but est de favoriser, à l'aide des moyens dont il dispose, l'action résolutive si heureusement commencée par le médecin traitant ; il s'applique à ne jamais entraver ce travail par un traitement local autre que celui de la balnéation, en mettant en œuvre la technique qui lui a donné les meilleurs résultats ; il s'abstient notamment de toute application de moyens astringents ou caustiques dont l'action, je l'ai dit, parfois des plus funestes sur l'adéno-lymphite, n'a jamais produit la guérison de l'inflammation utérine et l'a toujours aggravée.

Je n'insiste pas sur les autres indications basées sur la menstruation, sur la grossesse. Je me suis longuement étendu sur ce sujet dans mon *Traité clinique des affections de l'Utérus*. Je vous donne seulement la conclusion de cette étude. De même que je recommande de s'abstenir de toute manœuvre, d'éviter toute excitation utérine pendant la période cataméniale, d'en surveiller et d'en respecter scrupuleusement l'évolution ; de même, je crois nécessaire d'interrompre toute cure minérale, toute pratique balnéaire pendant la période menstruelle, puisque toute eau minérale a une action élective, une action excitante sur l'utérus ; or, à ce moment, la moindre excitation peut être fatale. Relativement à la grossesse, il est de règle de s'abstenir de toute intervention, afin d'éviter l'avortement.

Je ne parle pas de la durée de la cure thermale que comporte la métrite chronique ; parce que, dans mon traité clinique j'ai donné de même à cette question le développement qu'elle comporte. Je dirai seulement que le traitement thermo-minéral, pas plus que tout autre traitement, ne peut avoir une durée fixe, surtout déterminée à l'avance, et que, notamment la période de vingt et un jours assignée à cette médication ne repose sur aucune donnée physiologique acceptable. La cure doit continuer tant que le travail résolutif s'accomplit et n'est pas achevé. Le médecin hydrologue qui le surveille, qui apprécie les modifications physiques subies par le tissu utérin, par l'adéno-lymphite péri-utérine, est plus à même que la malade pour arrêter ou continuer un traitement qui, en définitive, a pour but final la guérison de l'affection. Aussi, Messieurs, ne saurai-je trop vous recommander d'être des plus circonspects alors que vous aurez à répondre à cette question journellement adressée au médecin traitant : « Docteur, combien de temps resterai-je aux eaux ? » Vous répondrez avec moi : « Je ne puis savoir quelle sera la durée de votre traitement. Le médecin auquel je vous adresse est le seul juge des circonstances qui doivent faire cesser ou prolonger la cure qu'il vous prescrira. »

Ceci dit, voyons quelle est l'eau minérale qui convient plus spécialement au traitement : 1° de la maladie dyscrasique, constitutionnelle ou diathésique, origine de la métrite ; 2° des diverses modalités anatomiques et cliniques de l'inflammation utérine.

En effet, dans le choix d'une eau minérale, le médecin doit se préoccuper d'une bonne solution à donner à ces deux problèmes. Non seulement il doit choisir celle qui paraît agir plus spécialement sur telle ou telle maladie dyscrasique, mais encore celle qui répond le mieux à l'expression anatomique ou symptomatique de l'affection utérine. Ce n'est qu'à cette double condition qu'il est assuré d'obtenir un bon résultat.

Pour résoudre ces deux problèmes, il est donc essentiel, Messieurs, que le gynécologue ait une connaissance approfondie des eaux minérales, de leur composition chimique, de leur action physique.

Je le dis avec regret, cette connaissance lui fait le plus souvent défaut; il partage du reste cette ignorance avec la majorité de médecins. Comment n'en serait-il pas ainsi, alors que cette branche si importante et si utile de la thérapeutique n'a pas de représentant dans l'enseignement officiel? Sans le dévouement d'un éminent médecin hydrologue, le docteur Durand-Fardel, qui tous les ans fait un certain nombre de leçons sur cette branche importante de la thérapeutique, les élèves en médecine quitteraient les bancs de l'école n'ayant aucune notion de la classification, de la composition chimique, de l'action physiologique des eaux minérales.

C'est pour obvier à ce défaut de connaissances que, de mon côté, je me suis efforcé dans mon *Traité clinique des affections de l'Utérus* de tracer cette étude, de donner un aperçu des différentes eaux minérales françaises, afin que le gynécologue ait un terrain sûr pour asseoir la thérapeutique thermo-minérale de la métrite. Je n'y reviendrai pas aujourd'hui; je veux seulement la prendre pour base de la cure minérale de l'inflammation utérine et vous montrer la conduite que vous avez à tenir envers cette inflammation et ses modalités cliniques.

Les eaux minérales sont classées d'après la prédominance d'un ou de plusieurs principes minéralisateurs. Ces principes servent à les caractériser au point de vue de leur action thérapeutique. Mais il est bon de faire remarquer que, si certains principes minéralisateurs prédominent, il en existe d'autres qui, pour être en moins grande quantité, n'en jouissent pas moins d'une incontestable influence. C'est avec juste raison que M. Durand-Fardel a dit : « Une eau minérale doit être considérée comme un tout dont aucune partie ne saurait être retranchée, sans qu'il cessât d'être lui-même. »

Suivant leur composition chimique, les eaux minérales sont sulfurées, chlorurées, bicarbonatées ou sulfatées. A cette grande division, il convient d'ajouter les arsenicales, les ferrugineuses, les nitrées, les indéterminées. Je ne citerai que les eaux françaises.

Les sulfurées sont sodiques ou calciques. Parmi les premières, je citerai : Eaux-Chaudes, Barèges, Luchon, Dax, Gazost, Labassère, Cauterets, Saint-Sauveur, Amélie, La Preste, Olette, Le Vernet, Molitg, Saint-Gervais, Aix, Eaux-Bonnes ; Enghien, Pierrefonds, Allevard parmi les deuxièmes.
Au nombre des eaux sulfureuses, il faut citer encore : Saint-Boès (Basses-Pyrénées), eau sulfo-arsenicale, bitumineuse et iodurée ; Euzet et Fumades (Gard), eaux sulfo-bitumineuses. Je signale de même à votre attention Saint-Honoré-les-Bains (Nièvre), eau sulfureuse sodique et arsenicale. Je ne saurais oublier Cambo (Basses-Pyrénées), dont la sulfuration légère est parfaitement appropriée au traitement de la métrite.

Les chlorurées sont sodiques, bromo-iodurées, sulfureuses, sulfatées. Les premières renferment : Balaruc, Bourbonne, Bourbon-l'Archambault, La Motte, Salins, Sierck, Dax (Pouillon), Moutiers-Salins, Salies, Bourbon-Lancy.

Parmi les deuxièmes, chlorurées, sulfurées, bromo-iodurées, nous trouvons : Uriage, Gréoulx, Challes, Lavey, Dax (Gamarde).
Parmi les troisièmes ou chlorurées-sulfatées, nous avons Saint-Gervais et Brides.

Les bicarbonatés sont sodiques, calciques, mixtes, chlorurées, sulfatées, sulfatées-chlorurées et arsenicales.
Au nombre des premières, nous trouvons Vichy, Montrond, Vals, le Boulou, la Caldette.
Pougues, Foncaude, Alet, Lacaune, rentrent dans la deuxième classe ou bicarbonatées calciques.
Les bicarbonatées mixtes sont représentées par Châteauneuf, la Malou, Sail-les-Bains, Sail-sous-Couzan, Châteldon, Ours (Médague).
Parmi les bicarbonatées chlorurées, se rangent Royat, Saint-Maurice, Vic-le-Comte, Vic-sur-Cère, Saint-Nectaire.
Martigny, Contrexéville, Sermaize rentrent dans la classe des bicarbonatées sulfatées.
Châtel-Guyon constitue la classe si importante des bicarbonatées, sulfatées-chlorurées magnésiennes ; le Mont-Dore celles des bicarbonatées sodiques et arsenicales.

Les sulfatées sont sodiques, calciques, mixtes ou magnésiques.
Les sulfatées sodiques et magnésiques renferment Miers et Montmirail.
Quant aux sulfatées calciques, elles comprennent Bagnères-de-Bigorre, Capvern, Aulus, Louëche.
Vittel doit être rangé parmi les sulfatées mixtes, contenant des sulfates calciques et magnésiques.

Les indéterminées sont thermales simples ou faiblement minéralisées.
Au nombre des premières, nous trouvons Néris, Plombières, Bains, Luxeuil, Ussat, Bourbon-Lancy.
Parmi les deuxièmes, il faut citer Evaux, Evian.

Les arsenicales sont sodiques, chlorurées, sulfurées, bicarbonatées sodiques, ferrugineuses.
Parmi les premières, je cite la Bourboule, puis le Mont-Dore.
Marlioz, Bagnols (Lozère), Hamman-Meskoutine (Algérie) sont au nombre des sulfurées bicarbonatées sodiques.
Sylvanès, la Dominique de Vals, Bussang, rentrent dans la classe des arsenicales ferrugineuses.

Les eaux ferrugineuses sont nombreuses. On peut dire en général que presque toutes les eaux bicarbonatées sodiques et calciques contiennent un sel de fer. Toutefois il en est où le fer existant à dose thérapeutique, les autres principes se trouvant en proportion trop faible pour imprimer à ces eaux des caractères spéciaux, méritent à juste titre la désignation de ferrugineuse. Ainsi la Malou, la source Saint-Victor de Royat, Barbotan, les sources Lardy et Mesdames de Vichy, Andabre, Forges, Passy la Bauche, Orezza, Oriol, Luxeuil, Cransac, Capvern, Saint-Nectaire (source rouge) Lacaune (source rouge), Renlaigue, Montrond, la Reine du fer de Vals, sont des eaux véritablement ferrugineuses.

Je signalerai, enfin, une eau où le cuivre est le principe minéral dominant, Saint-Christau-de-Lurbes (Basses-Pyrénées), eau sulfatée calcique ferro-cuivreuse ; je signalerai de même une eau minérale où la silice et les silicates de soude, de potasse et de lithine existent en assez grande proportion, pour qu'à l'avenir on puisse en faire une classe à part, celle des eaux silicatées, je veux parler de Sail-les-Bains (Loire).

Ceci dit, vous êtes à même de pouvoir faire un choix éclairé parmi les nombreuses stations minérales et thermales qui répondent toutes aux indications que je vous ai signalées à savoir : la nature de l'affection utérine, la modalité clinique et anatomique, la pathogénie, les complications, les phénomènes sympathiques.

Vous tiendrez compte, en outre, de la constitution, du tempérament de la malade. Il n'est que trop fréquent, vous le savez, d'observer le développement simultané et parallèle de deux maladies dyscrasiques. Journellement vous êtes appelés à constater avec moi une métrite arthritique, par exemple, développée chez une femme scrofuleuse ou survenue chez une femme syphilitique. De même, il faut tenir grand compte du tempérament sanguin, nerveux de la malade, car la modalité clinique de la métrite offre alors une expression symptomatique toute particulière.

Ce n'est qu'après vous être enquis très exactement de toutes ces considérations pathologiques que vous pouvez choisir, en toute connaissance de causes, une eau minérale ; sachez-le bien, le succès de votre thérapeutique est à ce prix. Qu'importe, en effet, qu'il y ait identité de lésions, de siège, de symptômes, dans la métrite existant chez deux femmes, si l'origine, la nature, la modalité irritable ou torpide diffèrent ! En vain leur appliquerez-vous la même thérapeutique thermo-minérale ; chez celle-ci elle réussira, l'inflammation utérine guérira ; chez celle-là, l'affection restera stationnaire, ne se guérira pas. Bien heureux serez-vous, si, au contraire, elle n'est pas exaspérée, si l'évolution n'en est pas accélérée, si des complications graves ne surviennent pas !

Vous devez donc vous méfier de l'expression « cette eau thermo-minérale convient au traitement des maladies des femmes ». Rien de plus fallacieux, de plus trompeur que ce langage qui ne peut séduire que des médecins ignorant l'action des eaux minérales, l'inflammation utérine, ses diverses modalités et surtout son origine dyscrasique, constitutionnelle ou diathésique ; car, dans ce cas, la thérapeutique thermo-minérale, je ne saurais trop le redire, demande, ainsi que la thérapeutique générale, des bases nettes et précises ; ses effets ne peuvent se produire qu'autant qu'elle s'adresse à la maladie dyscracique dont l'affection est l'émanation.

C'est en vous basant sur ces principes généraux de thérapeutique, applicables du reste à la métrite aussi bien qu'à toute autre affection d'origine dyscrasique, que vous dirigerez le traitement thermo-minéral de l'inflammation utérine.

Pour la métrite scrofuleuse, vous choisirez les eaux chlorurées sodiques bromo-iodurées, les eaux sulfureuses, les eaux arsenicales chlorurées.

Pour la métrite arthritique, vous aurez recours aux eaux bicarbonatées sodiques et calciques.

Les eaux sulfureuses, les eaux sulfurées chlorurées, les eaux arsenicales seront choisies de préférence pour la métrite herpétique.

Les eaux ferrugineuses pour la métrite chlorotique.

En faisant ce choix, votre rôle n'est pas terminé; et c'est ici que le gynécologue doit faire preuve d'une grande connaissance en hydrologie ; il faut, en effet, qu'il fasse un choix entre toutes les variétés d'eaux minérales qui rentrent dans l'une des grandes classes précédentes. Il ne peut envoyer indifféremment, une métrite scrofuleuse, par exemple, à une eau chlorurée sodique ou sulfureuse, etc., etc. Il s'exposerait sûrement à de nombreux mécomptes; car les **eaux de ces diverses classes** ne sont pas toutes appropriées au tempérament de la malade, à la modalité de l'affection. Il est obligé de faire une sélection; il doit choisir celle d'entre elles dont les propriétés thérapeutiques sont le plus directement en rapport avec les diverses modalités de la métrite, avec le tempérament, la constitution de la malade.

Il est de toute nécessité, vous le voyez, pour le médecin gynécologue, de connaître toutes les eaux minérales aussi bien que la thérapeutique générale. Vous comprenez, dès lors, les regrets que j'exprimais, en commençant cette leçon, alors que je déplorais de voir l'hydrologie n'avoir aucun représentant dans l'enseignement officiel.

Pour vous mettre à même de faire le travail d'induction que nécessite cette thérapeutique thermo-minérale de la métrite, je vais suppléer à ce défaut de l'enseignement, en vous montrant, ainsi que je l'ai fait pour l'étude clinique des eaux minérales, la conduite que vous aurez à tenir en présence d'une femme atteinte d'une métrite constitutionnelle. Je ferai le même travail d'analyse pour la thérapeutique thermo-minérale de la métrite non constitutionnelle.

SEIZIÈME LEÇON

SOMMAIRE. — Traitement de la métrite scrofuleuse, arthritique, herpétique, chlorotique, syphilitique, tuberculeuse, cancéreuse, par les eaux minérales.

Messieurs,

Les eaux minérales qui conviennent au traitement de la *métrite scrofuleuse* sont, ai-je dit, nombreuses. Elles appartiennent à la classe des chlorurées sodiques bromo-iodurées, des sulfureuses, des arsenicales.

Les premières, les eaux chlorurées sodiques bromo-iodurées, renferment de 1 à 250 grammes de chlorure de sodium par litre, de l'iode, du brôme et même de l'arsenic à doses variables. Parmi elles, nous trouvons les eaux d'Arbonne (Savoie), de Salies (Basses-Pyrénées), de Salins (Jura), de Salins-Moutier (Savoie), de Balaruc (Hérault), de Bourbonne-les-Bains (Haute-Marne), de Bourbon-l'Archambault (Allier), de La Motte (Isère), de Bourbon-Lancy (Saône-et-Loire), de Sierck (Lorraine), de Dax (Landes).

Parmi les eaux sulfureuses et bromo-iodurées, je mentionnerai : Challes (Savoie), Gréoulx (Basses-Alpes), Gazost (Hautes-Pyrénées), Saxons (Valais), Bondonneau (Drôme), Saint-Boës. Parmi les sulfureuses sodiques, on trouve Luchon (Haute-Garonne), Cauterets (Hautes-Pyrénées), Barèges (Hautes-Pyrénées), Saint-Sauveur (Hautes-Pyrénées), Bagnères-de-Bigorre, les Eaux-Chaudes (Basses-Pyrénées), Escaldas (Pyrénées-Orientales), Molitg, Vernet, Vinca, Thuez, Amélie-les-Bains, la Preste, Olette (Pyrénées-Orientales), Ax (Ariège), Saint-Antoine-de-Guagno (Corse), Aix, Saint-Gervais (Savoie), Uriage (Isère), Lavey (canton de Vaud). Parmi les eaux sulfureuses arsenicales, je mentionne principalement Hammam-Meskoutine (Algérie), Bagnols (Lozère), Dolaincourt (Vosges).

Parmi les arsenicales, on trouve la Bourboule, la source de Sails, à Bagnères-de-Bigorre.

On compte une grande quantité de sources minérales à l'étranger aptes au traitement de la métrite scrofuleuse. Je n'en parle pas, car notre sol offre tout ce qu'on peut désirer à ce point de vue.

En présence d'un si grand nombre de sources thermo-minérales, comment procèderez-vous pour faire votre choix?

Je ne méconnais pas que ce choix est parfois difficile, mais j'espère vous démontrer qu'un gynécologue attentif et sagace parvient assez aisément à vaincre cette difficulté. Tenant un compte exact de la modalité clinique et anatomique de la métrite scrofuleuse d'une part, ayant une connaissance approfondie des eaux minérales, de leur constitution chimique, de leur action physiologique et pathogénétique d'autre part, il arrive vite à discerner quelle est l'eau thermo-minérale qui convient à telle ou telle modalité de la métrite.

C'est ainsi que vous choisirez les eaux chlorurées sodiques de Salins, de Salies, de Salins-Moutier, si l'inflammation utérine est caractérisée par une augmentation considérable du volume de l'organe, par des tissus mous, blafards, par une ulcération irrégulière, profonde, fongueuse, végétante, saignant peu, par une sécrétion leucorrhéique abondante, louche; si la métrite est indolente, torpide, avec adéno-lymphite multiple, peu ou pas douloureuse, à l'état ganglionnaire ou avec péri-lymphangite, péri-adénite non suppurées et adéno-pelvi-péritonite adhésive, et si en même temps la malade présente au plus haut degré les attributs de la constitution scrofuleuse, lymphatique. Dans ces mêmes conditions, vous aurez recours aussi aux eaux sulfureuses bromo-iodurées de Challes, de Gréoulx, de Gazost, de Barèges, à l'eau sulfureuse, arsenicale, goudronnée de Saint-Boës, aux eaux sulfureuses sodiques fortes de Luchon.

Au lieu de recourir à ces eaux si puissantes, vous prescrirez des eaux moins actives, telles que les eaux chlorurées sodiques de Balaruc, de Bourbonne-les-Bains, de La Motte, de Bourbon-l'Archambault, ou les eaux sulfureuses de Cauterets, Aix, Saint-Sauveur, Bagnères-de-Bigorre, Saint-Gervais, Amélie-les-Bains (surtout l'hiver), Molitg, Saint-Honoré, etc., etc., si la lésion anatomique est plus marquée sur la muqueuse utérine que sur le parenchyme, si le volume est peu augmenté, si l'ulcération est superficielle, la leucorrhée peu abondante, si, surtout, il existe une certaine tendance aux métrorrhagies, aux poussées inflammatoires, aux recrudescences fréquentes, si la réaction est vive, avec douleur lombaire et pelvienne, si par conséquent l'adéno-lymphite est douloureuse, intense, si la péri-adénite, l'adéno-pelvi-péritonite ont une tendance à suppurer.

Si à tous ces caractères se joint un tempérament nerveux excessif, accusé surtout par des névralgies, de la gastralgie, etc., etc., les eaux précédentes seront trop énergiques; il faudra recourir aux eaux d'une faible minéralisation, telles que celles de Bourbon-Lancy, Néris, Plombières, Luxeuil, Bains, Ussat, Ax, les Eaux-Chaudes.

Si la chlorose et l'anémie sont très prononcées, ordonnez les sources de Forges (Seine-Inférieure), de Sylvanès (Aveyron). Toutefois si, en même temps, il existait une paraplégie, vous pourriez recourir aux eaux chlorurées sodiques bromo-iodurées de Salins, de Salies, de Bourbonne-les-Bains; aux eaux sulfureuses bromo-iodurées de Challes.

Si l'adéno-lymphite s'est compliquée d'adéno-phlegmon, d'adéno-pelvi-péritonite, si les douleurs sont violentes, il faut recourir aux eaux de Plombières, de Bourbon-Lancy, de Néris, de Dax (Landes), et aux boues de Saint-Amand (Nord), de Barbotan (Gers).

Les eaux minérales pour le traitement de la *métrite arthritique*, sont celles qui contiennent les bicarbonates de soude, de chaux, et les sels de lithine. La médication alcaline, vous le savez, est par excellence le traitement de l'arthritis. Bazin la considérait avec raison comme spécifique de cette maladie constitutionnelle, dyscrasique.

Ces eaux, en effet, sont presque toutes sursaturées d'acide carbonique, et à ce titre, leur digestion est des plus faciles. Elles constituent la médication dite altérante; elles neutralisent les acides, excitent le système cutané et par là exercent une action révulsive, une action substitutive même; elles sont, en outre, reconstituantes. A tous ces titres elles sont utiles dans le traitement de la métrite arthritique.

Les eaux minérales bicarbonatées sodiques, calciques et lithinées sont nombreuses en France.

C'est ainsi que parmi les eaux bicarbonatées sodiques que vous avez à votre disposition, sont celles de Vichy (Allier), Vals (Ardèche), Le Boulou (Pyrénées-Orientales), La Caldette (Lozère); parmi les eaux bicarbonatées mixtes (soude et chaux), celles de Châteauneuf (Puy-de-Dôme), La Malou (Hérault), Saint-Alban, Sail-les-Bains, Couzan (Loire), Chateldon (Puy-de-Dôme); parmi les eaux bicarbonatées sodiques, chlorurées, lithinées, légèrement ferrugineuses, les eaux de Saint-Nectaire, Royat, Saint-Maurice, Vic-le-Comte (Puy-de-Dôme), Vic-sur-Cère (Cantal). Quant aux eaux bicarbonatées calciques, elles sont représentées par celles de Pougues (Nièvre), Foncaude (Hérault), Alet (Aude). Enfin parmi les eaux bicarbonatées sodiques chlorurées magnésiennes, nous trouvons surtout celles de Châtel-Guyon (Puy-de-Dôme).

Outre ces eaux bicarbonatées sodiques, calciques, les *eaux sulfatées magnésiennes* sont prescrites avec avantage dans le traitement de la métrite arthritique. Elles sont représentées par les eaux de Miers (Lot), Montmirail (Vaucluse), Rubinat (Basses-Pyrénées); à l'étranger, vous avez les eaux Royale-Hongroise Rákóczy, et Hunyadi-Janos. Vous pouvez aussi conseiller les eaux sulfatées chlorurées de Brides (Savoie), de Saint-Gervais (Haute-Savoie).

Il en est de même des eaux *sulfatées calciques* de Bagnères-de-Bigorre, de Capvern (Hautes-Pyrénées), d'Aulus (Ariège), qui parfois sont préférées aux précédentes.

Les eaux arsenicales rendent aussi de signalés services dans le traitement de la métrite arthritique. C'est ainsi que vous prescrirez avec succès celles de la Bourboule, du Mont-Dore (Puy-de-Dôme), de Salies (source de Bagnères-de-Bigorre) (Hautes-Pyrénées).

Enfin les eaux de Néris, Plombières, Luxeuil, Bains, Ussat, Dax et les boues de Dax, Balaruc, Barbotan, Saint-Amand, trouvent dans la métrite arthritique une indication aussi spéciale que dans la métrite scrofuleuse.

Vous le voyez, les eaux minérales applicables au traitement de la métrite arthritique sont nombreuses et variées. L'embarras du choix est grand. Pour vous guider, vous tiendrez compte, ainsi que je l'ai fait pour la métrite scrofuleuse, des modalités cliniques de l'affection utérine.

Vous ordonnerez, par exemple, les eaux bicarbonatées sodiques fortes de Vichy, de Vals, si la femme est jeune, pléthorique, si l'utérus est volumineux et offre des tissus violacés; s'il existe une névralgie ilio-lombaire; si l'adéno-lymphite n'est pas douloureuse, pas compliquée de péri-adénite, d'adéno-pelvi-péritonite, car il faut craindre en pareil cas la suppuration soit de la péri-adénite, soit de l'adéno-pelvi-péritonite, ainsi que j'en ai observé plusieurs cas; si les métrorrhagies sont fréquentes; si la dyspepsie est acescente et surtout s'il existe une lithiase biliaire.

Aux caractères précédents, la malade joint-elle une dyspepsie flatulente, du pyrosis, du vertige stomacal, ordonnez les eaux bicarbonatées calciques; Pougues, Alet, Lacaune (source de Bel-Air).

Si, à tous ces caractères, s'ajoutent une constipation opiniâtre, une pléthore abdominale, des troubles gastro-intestinaux, l'obésité, donnez les eaux de Saint-Gervais, d'Aulus, de Brides, d'Uriage.

Y a-t-il de la lithiase rénale, conseillez les eaux de Contrexéville, de Vittel, de Capvern, de la Preste, de la Pioule, de Martigny.

Parmi toutes ces eaux, vous aurez encore à faire une sélection. Ainsi, lorsque la métrite arthritique s'accompagne de lithiase, biliaire ou rénale, de congestion hépatique, de pléthore veineuse abdominale, et par suite de pesanteur abdominale, de tympanite, de constipation, d'hémorroïdes, d'obésité; lorsque l'adéno-lymphite existe à l'état chronique; lorsque les ganglions sont volumineux, entourés d'une légère zône de péri-adénite, lorsque l'adéno-pelvi-péritonite chronique est constituée par des adhérences nombreuses, lorsque la femme en même temps est anémique, vous aurez recours aux eaux de Brides, de préférence à celles de Vichy, car, ainsi que le disent les docteurs Philbert et Laissus, ces eaux sulfatées calciques et magnésiennes légèrement ferrugineuses et arsenicales, tout en étant laxatives et purgatives, sont en même temps toniques, reconstituantes, résolutives.

Les eaux de Châtel-Guyon seront préférées s'il existe une plénitude abdominale, une constipation plus ou moins opiniâtre, des troubles gastriques dyspeptiques.

Lorsque la constipation chez la femme atteinte de métrite arthritique résulte d'un défaut de tonicité des muscles intestinaux, d'une sécrétion peu active des sucs intestinaux, qu'il existe en un mot une dyspepsie plutôt intestinale que gastrique, les eaux d'Aulus seront avant tout indiquées.

Si la métrite arthritique, tout en s'accompagnant de lithiase rénale, présente une complication vésicale, telle qu'une cystite, une cystite purulente, vous prescrirez avec avantage les eaux silicatées sodiques de Sailles-Bains. Elles agiront d'autant mieux que la femme présentera en même temps un terrain lymphatique.

L'eau nitrée de Reiperstweiler (source César) (Alsace) sera aussi des plus utiles, alors qu'il s'agit d'obtenir un effet diurétique prononcé chez les femmes atteintes de lithiase rénale et d'affection cardiaque.

Les eaux de Saint-Nectaire, de Royat, de Châteauneuf, de La Malou, d'Andabre, conviennent aux cas où l'affection utérine affecte surtout la muqueuse, où la leucorrhée est abondante, muco-purulente, où l'ulcération du col est torpide, où la métrite est sans réaction, sans douleur; caractérisée surtout par l'aménorrhée et par une adéno-lymphite multiple, non douloureuse et non compliquée d'adéno-pelvi-péritonite. Elles conviennent aussi aux cas où l'on observe les névralgies ilio-lombaires et vulvaires, le vulvisme, les névralgies générales, une dyspepsie acescente et surtout l'anémie, la chloro-anémie. Toutes ces eaux contiennent en effet du fer, et elles agissent en stimulant l'organisme. Aussi sont-elles contre-indiquées dans les cas où l'adéno-lymphite est douloureuse et compliquée de pelvi-péritonite douloureuse, aiguë et même subaiguë.

Si la malade se plaint de manifestations articulaires, elle se trouvera bien d'une saison à la Bourboule. Enfin, Luxeuil, Néris, Plombières, Bains, Ussat, Bourbon-Lancy, conviennent aux métrites arthritiques irritables, douloureuses, offrant des poussées congestives, une adéno-lymphite douloureuse et compliquée de péri-adénite, de pelvi-péritonite, de troubles nerveux répétés et variés, tels que névralgies pelviennes, lombaires, intercostales, hystéralgiques.

S'il existe un gonflement douloureux des articulations, si la métrite est torpide, si le corps utérin est volumineux, si l'adéno-lymphite et la pelvi-péritonite sont considérables, ordonnez les boues de Saint-Amand, de Dax, etc.

N'employez les eaux sulfureuses : Saint-Sauveur (très sédatives cependant, à cause de la glairine qu'elles contiennent), Molitg, Vernet, Eaux-Chaudes, Cauterets, eaux à faible minéralisation, qu'avec circonspection dans le traitement de la métrite arthritique. Ces eaux sont parfois dangereuses; elles l'aggravent; elles produisent des poussées congestives, ce dont il est facile de se rendre compte par l'augmentation de l'adéno-lymphite et les complications qu'elle produit.

Le savant inspecteur des eaux de Saint-Sauveur, le docteur Caulet, a très bien mis en évidence cette action parfois nocive des eaux sulfureuses; il a vu plusieurs cas aggravés sous l'influence de cette médication.

Moi-même, dans mon *Traité clinique des affections utérines*, j'ai soutenu cette opinion, me basant sur les faits signalés par M. Caulet. Depuis, j'ai observé plusieurs faits qui confirment cette manière de voir et me portent, ainsi que je viens de le dire, à être des plus circonspects en face du traitement de l'inflammation utérine par les eaux sulfureuses, même les moins riches en minéralisation.

Je ferai observer, toutefois, que le docteur Sabail, médecin à Saint-Sauveur, a publié plusieurs faits controuvant cette opinion. Il aurait guéri plusieurs cas de métrite arthritique.

Lorsque la métrite arthritique existe chez une femme lymphatique, strumeuse, métissage commun en pathologie générale, et qu'elle est caractérisée par un catarrhe plus ou moins abondant, par une hypertrophie, une augmentation du volume du corps et du col, par des érosions blafardes, plus ou moins étendues, saignantes, dont la cicatrisation est difficile à obtenir, qu'elle est surtout torpide, atonique, fait rare dans la forme purement arthritique et qui appartient surtout à la métrite scrofuleuse, elle est justiciable des eaux chlorurées sodiques faibles, telles que Bourbonne-les-Bains, Bourbon-l'Archambault, Balaruc, etc., etc.;

des eaux sulfurées-chlorurées d'Uriage, surtout s'il existe des troubles gastriques, d'Aix ; des eaux sulfureuses arsenicales de Saint-Honoré, ou des sulfureuses faibles : Saint-Sauveur, Eaux-Chaudes, Eaux-Bonnes même, Cauterets et Bagnères-de-Bigorre.

Les eaux de Saint-Christau conviendront si les ulcérations sont profondes, phagédéniques.

Toutes ces eaux agissent non seulement sur l'affection, sur les maladies dyscrasiques, mais encore sur l'adéno-lymphite qui, dans ce cas, est multiple, volumineuse, souvent accompagnée de péri-adénite et d'adéno-pelvi-péritonite. Aussi verrez-vous ces lésions péri-utérines se résoudre facilement.

Dans le même ordre d'idées les eaux sulfureuses chlorurées de Dax, les boues de cette célèbre station, ainsi que celles de Saint-Amand, de Barbotan, vous donneront de très bons résultats.

Lorsque la métrite arthritique existe chez une femme herpétique et qu'elle se révèle par des caractères insolites d'irritabilité, d'excitabilité, qu'elle est sujette à des exaspérations soudaines, vous la traiterez par les eaux de Néris, Plombières, Bains, Ussat, etc., etc.

Si la métrite arthritique et scrofuleuse est trop influencée par les climats froids et humides, adressez votre malade, pendant l'hiver, aux eaux sulfureuses alcalines d'Amélie-les-Bains, de Molitg.

Les eaux minérales pour le traitement de la *métrite herpétique* appartiennent à différents groupes. C'est ainsi que nous trouvons les arsenicales, les sulfureuses sodiques, les sulfureuses arsenicales, les sulfatées calciques, les sulfatées chlorurées ou salines sulfurées, les amétalliques.

Parmi les premières, vous avez à votre disposition les eaux de la Bourboule, du Mont-Dore, de Vals (Saint-Louis, Dominique), de Vichy (Lardy), de Bussang. Au nombre des deuxièmes, celles de Saint-Sauveur, de Cauterets (petit Saint-Sauveur), des Eaux-Chaudes, de la Preste auront votre préférence. Parmi les troisièmes, vous rencontrez les eaux de Saint-Honoré (Nièvre), de Bagnols (Lozère), de Marlioz (Savoie). Relativement aux sulfatées calciques, je signalerai à votre attention celles de Bagnères-de-Bigorre, d'Aulus, de Capvern. De même pour les sulfatées chlorurées ou salines sulfurées, je mentionnerai Saint-Gervais, Uriage. Enfin celles de Plombières, Néris, Ussat, Bains, Luxeuil, parmi les dernières.

Ainsi que pour les précédentes métrites dyscrasiques, vous ferez votre sélection entre ces diverses eaux minérales, suivant la modalité clinique de la métrite herpétique.

C'est ainsi que la Bourboule convient aux malades dont la métrite torpide est caractérisée par une exagération du volume de l'utérus, par une leucorrhée abondante, par une ulcération blafarde, sans tendance à la cicatrisation, par une adéno-lymphite peu douloureuse et surtout sans péri-adénite et sans pelvi-péritonite. En effet, cette eau détermine une excitation telle sur l'organisme, active la circulation utérine avec une telle énergie, qu'elle ramène rapidement un état aigu en vertu duquel l'adéno-lymphite devient douloureuse, se complique de péri-adénite, de pelvi-péritonite, et parfois suppure, ainsi que je l'ai observé à plusieurs reprises. Cette eau convient surtout aux malades affaiblies, débilitées et présentant, outre la métrite, une éruption herpétique sur la vulve, le vagin, le col utérin et sur la peau. Vous la prescrirez surtout alors que la femme est atteinte d'un eczéma chronique, d'un psoriasis.

Si, en même temps que les précédents caractères, vous observez des douleurs, de la congestion utérine, de l'adéno-lymphite avec tendance à se compliquer de péri-adénite ou de pelvi-péritonite ; si, en un mot, la métrite est *irritable* avec névralgies, dyspepsie acescente, troubles menstruels, plutôt fonctionnels que mécaniques, tels par exemple que la dysménorrhée, l'aménorrhée fonctionnelles, prescrivez les eaux du Mont-Dore dont l'action est plus faible.

Vous ordonnerez Vals (sources Saint-Louis ou la Dominique), Bussang, Vichy (source Lardy), si, à la modalité clinique précédente, s'ajoute une anémie prononcée. En effet, ces sources sont en même temps arsenicales et ferrugineuses.

Saint-Gervais convient aux métrites irritables, dont la leucorrhée est abondante, mais pauvre en globules de pus. On peut conseiller aussi cette source quand il y a des ménorrhagies à chaque époque menstruelle, quand le col offre une érosion superficielle ou une poussée d'herpès, quand l'adéno-lymphite est douloureuse et compliquée, quand la malade offre sur la peau et les muqueuses des éruptions herpétiformes, quand enfin il y a dyspepsie asthénique, pléthore abdominale, paresse intestinale, constipation. En effet, l'eau de Saint-Gervais est légèrement purgative. Elle est en outre très sédative. Aussi convient-elle aux personnes nerveuses, irritables, ainsi qu'à celles qui présentent en même temps un tempérament lymphatique.

Vous préférerez les eaux de Saint-Sauveur, de Cauterets, des Eaux-Chaudes, si l'adéno-lymphite est torpide, non douloureuse, compliquée ou non, de péri-adénite, de pelvi-péritonite chroniques, alors qu'il existe, non de la suppuration, mais seulement un épaississement du tissu cellulaire péri-ganglionnaire, une péritonite adhésive ; si la leucorrhée est abondante, séro-purulente ; si la congestion pelvienne est prononcée ; la ménorrhagie fréquente ; si les névralgies utérines, lombaires, crurales sont intenses ; si enfin les troubles nerveux sont très accusés, la femme présentant des phénomènes d'hystéricisme ou même d'hystéro-épilepsie, tels que contracture, paralysie générale ou partielle, troubles de la sensibilite.

Vous emploierez de préférence les eaux d'Uriage, s'il existe de l'eczéma humide. Il est digne de remarque, en effet, que l'eczéma arthritique humide se guérit plus facilement par les eaux sulfureuses que par les eaux bicarbonatées sodiques qui, parfois même, l'exaspèrent au plus haut point.

Les eaux de Saint-Honoré seront prescrites si la métrite herpétique existe chez une femme présentant en même temps le tempérament lymphatique, alors que la leucorrhée est abondante, purulente, que les troubles menstruels, aménorrhée et dysménorrhée, sont très accusés, que l'adéno-lymphite est chronique, non compliquée de péri-adénite ou de pelvi-péritonite, alors surtout que la métrite est torpide et non irritable.

Vous aurez recours aux eaux de Bagnères-de-Bigorre, d'Aulus, de Capvern, s'il existe, en même temps que la métrite, une dyspepsie acide et surtout une lithiase rénale ou hépatique.

Enfin, les eaux de Plombières, Néris, Ussat, Luxeuil, Bains, conviendront à la métrite avec leucorrhée peu abondante, sans sclérose, sans ulcérations, ou bien avec ulcérations superficielles, accompagnée d'une adéno-lymphite douloureuse, de constipation et de troubles nerveux extrêmes : névralgies pelviennes, tenaces, rebelles, gastralgie et entéralgie.

La *métrite chlorotique* est puissamment modifiée et même guérie par un grand nombre d'eaux minérales appartenant à toutes les classes. C'est ainsi que les chlorurées sodiques, les sulfureuses, les arsenicales, les sulfatées calciques, les bicarbonatées sodiques chlorurées donnent des résultats aussi efficaces que les ferrugineuses proprement dites. Toutes ces eaux aident au relèvement des fonctions nutritives ; elles sont reconstituantes au plus haut degré, tout en aidant la résolution des produits inflammatoires.

En prescrivant le traitement hydro-minéral vous aurez, comme pour les métrites dyscrasiques précédentes, à tenir compte de la modalité clinique.

Aux malades atteintes d'une métrite chlorotique torpide, avec sclérose du tissu utérin, ulcération superficielle, blafarde ou même érosion, écoulement leucorrhéique abondant, purulent, troubles menstruels peu accusés, aménorrhée plutôt que dysménorrhée fonctionnelles, adéno-lymphite ganglionnaire ou vasculaire non douloureuse, sans péri-adénite et surtout sans adéno-pelvi-péritonite ; si, en outre, cette métrite présente comme phénomène sympathique une dyspepsie non douloureuse, non gastralgique, vous ordonnerez un traitement par les eaux de Saint-Nectaire, La Malou, Royat, Lacaune, Châteauneuf, Renlaigue, Forges, Andabre, Oriol, Cransac, Bussang, Orezza, etc., etc.

Les eaux de Vichy, de Vals, seront préférées si la métrite, tout en présentant les mêmes caractères anatomiques, est plutôt congestive ; si les règles sont plus abondantes ; si la dyspepsie est en même temps gastralgique. Les eaux de Pougues conviendront de même à cette modalité de la métrite chlorotique si la dyspepsie est flatulente.

Par contre, si la lésion est profonde, l'ulcération étendue, la leucorrhée purulente, fétide, les règles abondantes ; si l'adéno-lymphite s'accompagne de péri-adénite et de pelvi-péritonite et surtout si la métrite est torpide, vous aurez recours aux eaux de Bourbonne-les-Bains, de Salies, d'Uriage, de Luchon, de Salins, de Sylvanès, de Saint-Christau, de Dax, de la Bourboule.

Avec cette même modalité anatomique, si la métrite se présente avec de l'irritabilité, une adéno-lymphite douloureuse, un état névropathique accentué, des troubles menstruels accusés par des crises dysménorrhéiques fonctionnelles et une ménorrhagie légère, vous prescrirez Ussat, Saint-Sauveur, Cauterets, Bagnères-de-Bigorre, Luxeuil, Bains, les Eaux-Chaudes, Mont-Dore.

Dans le cas où la ménorrhagie est remplacée par l'aménorrhée fonctionnelle, les Eaux-Bonnes (source d'Orteig) sont utilisées avec de bons résultats pour les malades.

Telles sont, Messieurs, les métrites d'origine dyscrasique seules susceptibles d'être modifiées et guéries par le traitement hydro-minéral.

La *métrite syphilitique*, pas plus que la *métrite tuberculeuse* ou la *métrite cancéreuse*, ne peuvent, en effet, être guéries par les eaux minérales. Nous n'avons à notre disposition aucune eau minérale spécifique de ces diverses dyscrasies.

Je ferai remarquer toutefois que le traitement thermo-minéral peut dans certaines conditions rendre quelques services, notamment dans la *métrite syphilitique*. Il est indiqué alors que, chez une femme atteinte d'accidents syphilitiques dits tertiaires, une métrite scléreuse se développe; alors que sous l'influence de la syphilis, une métrite dyscrasique d'origine scrofuleuse, arthritique, évolue. Rien n'est commun, en effet, ainsi que l'a dit N. Guéneau de Mussy, que de voir survenir, par le fait de la syphilis, une affection d'une autre origine dyscrasique. L'expression pittoresque de l'éminent Ricord, *scrofulate de vérole*, signalant l'alliance des deux maladies dyscrasiques, constitutionnelles, scrofule et syphilis, rend bien compte des faits cliniques; elle est aussi exacte pour l'utérus que pour la peau, les muqueuses, les parenchymes. Tous les jours vous en vérifiez l'exactitude dans le service de Lourcine. Dans ces conditions le traitement thermo-minéral est indiqué. Les eaux de Challes, de Luchon, d'Aix, sont surtout prescrites avec avantage.

Dans votre choix vous aurez à tenir compte aussi des modalités cliniques sur lesquelles je n'ai plus à revenir.

La *métrite tuberculeuse* n'est pas tributaire des eaux minérales. Toutefois, les eaux sulfureuses de Cauterets, des Eaux-Chaudes, des Eaux-Bonnes, d'Allevard, peuvent être utiles, ainsi que les eaux arsenicales et les eaux indéterminées, dans le cas où l'affection utérine est à son début, la lésion superficielle, la leucorrhée peu abondante, la ménorrhagie peu accusée, l'adéno-lymphite chronique, non douloureuse et non compliquée. Mais, tout en dirigeant contre cette métrite un traitement minéral, n'oubliez pas, Messieurs, que le plus ordinairement il faut respecter cette affection, surtout la ménorrhagie qui constitue un de ses symptômes, et qui alterne avec l'hémoptysie. Souvent alors on voit la suppression des ménorrhagies donner à l'affection pulmonaire une marche rapide ou même la faire éclater, si jusque-là elle était restée latente.

Le traitement minéral de la *métrite cancéreuse* est non seulement inutile, mais nuisible. Il favorise le développement du néoplasme, ainsi que j'ai eu à le constater plusieurs fois sur des malades dirigées à tort sur les stations minérales; il ne faut donc pas, en principe, envoyer une malade atteinte d'un cancer de l'utérus aux eaux minérales. En pratique, quelquefois le médecin est moralement obligé à conseiller une station minérale à une malade dont le moral est affecté et l'esprit inquiet. Dans ce cas spécial, et alors surtout que les douleurs abdominales sont atroces, violentes, l'insomnie persistante, l'appétit nul, les forces épuisées, la métrorrhagie fréquente, vous prescrirez les eaux de Saint-Nectaire, Vichy, Royat, La Malou, afin de pouvoir donner des bains et des douches d'acide carbonique. Vous savez, en effet, d'après les expériences de Follin, Charles Bernard, Demarquay, Monod, que le gaz acide carbonique est un puissant sédatif des douleurs utérines et de la ménorrhagie. Sous cette influence, l'esprit de la malade est moins inquiet, l'insomnie disparaît; les fonctions digestives s'améliorent; l'appétit renaît; les forces se relèvent; l'organisme se reconstitue; il se produit en un mot un remontement général, suivant la célèbre expression de Bordeu. Malheureusement cette amélioration est passagère, et le médecin n'a d'autre satisfaction que celle d'avoir procuré un soulagement de quelques semaines, parfois de quelques mois, à sa malade.

DIX-SEPTIÈME LEÇON

SOMMAIRE. — Traitement général de la métrite traumatique, de la métrite non dyscrasique par les eaux minérales, par l'hydrothérapie, par la thérapie marine. — *Traitement pathogénique* de la métrite.

Messieurs,

Les eaux minérales ont un rôle prépondérant dans le traitement de la *métrite traumatique*, de la *métrite non constitutionnelle*. C'est avec elles, plus que par la médication générale, que le médecin peut réellement résoudre le problème que j'ai posé à diverses reprises, c'est-à-dire combattre avec succès les diverses modalités anatomiques et cliniques de la métrite.

Dans le choix à faire, le médecin n'a pas à se préoccuper, comme pour la métrite dyscrasique, de la spécificité de telle ou telle eau minérale, il se base avant tout sur la constitution chimique de l'eau minérale qui répond le mieux aux modalités cliniques de l'inflammation utérine. Il recherche avant tout l'eau minérale qui, à une action locale, à une action modificatrice de la lésion, joint une action générale sur la nutrition, une action élective sur la circulation et la contractilité utérine, une action résolutive sur les produits inflammatoires épanchés dans la trame du tissu utérin et dans les tissus péri-utérins. Il demande enfin à l'eau minérale une action révulsive en agissant sur le système nerveux périphérique par l'excitation du système cutané.

En prenant pour base ces différentes actions des eaux minérales, qui sont en partie celles de l'hydrothérapie et de la thérapie marine, le médecin institue la médication générale et la médication locale de l'inflammation utérine, à l'aide desquelles il est assuré de la guérir ainsi que ses diverses modalités cliniques. Mais, tout en recherchant ces actions, il ne doit pas perdre de vue les préceptes que j'ai donnés à propos du choix de l'eau minérale. Il doit, comme pour la métrite constitutionnelle, tenir un compte exact de la manière d'être de la métrite, de sa torpidité ou de son irritabilité, des lésions anatomiques et de leurs diverses modalités, des phénomènes physiques, des symptômes et des phénomènes sympathiques. Ce n'est qu'à cette condition, je ne saurais trop insister, que le médecin peut espérer, à l'aide de la médication thermo-médicale, guérir l'inflammation utérine.

Ainsi, si la métrite chronique est torpide, l'utérus volumineux, soit au niveau du corps, soit au niveau du col, soit dans sa totalité ; le tissu dur et sclérosé, sans sécrétion leucorrhéique, sans ulcération ; l'adéno-lymphite volumineuse avec péri-adénite et adéno-pelvi-péritonite adhésive, non douloureuse, sans réaction ; les troubles menstruels accusés, tels que la diminution des règles, l'aménorrhée même ou bien l'augmentation, la ménorrhagie, dues à la présence de végétations, de granulations intra-utérines ; si les forces sont affaiblies ; la nutrition se fait mal, sans troubles gastro-intestinaux marqués ; si aucun trouble nerveux ne se présente : les eaux de Salies, de Salins, de Dax, de Challes, de Luchon, d'Euzet et Fumades, sont prescrites avec succès.

Si cette modalité s'accompagne de troubles gastro-intestinaux, de dyspepsie, les eaux d'Uriage, de Lamotte, de Brides, de Saint-Honoré, de Bourbonne-les-Bains seront préférées.

Si la métrite, tout en étant torpide, est accusée par un volume de l'utérus peu considérable, par une leucorrhée assez intense, des troubles menstruels, tels que crises dysménorrhéiques, ménorrhagies même, par une érosion du col superficielle, par une adéno-lymphite non douloureuse, sans complication péritonéale ; si, en même temps, les fonctions gastro-intestinales sont altérées, l'anémie prononcée, les forces affaiblies, les eaux de Royat, de Saint-Nectaire, du Mont-Dore, de la Bourboule, de Luxeuil, de Pougues, d'Eaux-Bonnes, d'Eaux-Chaudes, de Cambo sont des plus utiles.

Les eaux de Cambo, de Pougues, de Capvern, de Bagnères-de-Bigorre, de Vittel, de Contrexéville, de Martigny, seront surtout prescrites, si à la modalité précédente se joignent des troubles hépatiques ou urinaires, caractérisés par de la lithiase biliaire, de la gravelle rénale. S'il existe de fortes coliques hépatiques ou néphrétiques, vous devrez avoir recours aux eaux de Vichy, de Vals, de Brides. Les eaux de Sail-les-Bains conviendront alors qu'il existera un catarrhe vésical prononcé.

Dans le cas où la métrite chronique au lieu d'être torpide est irritable ; les crises dysménorrhéiques intenses ; les névralgies péri-utérines accusées ; les troubles nerveux, moteurs et sensitifs, prononcés ; la leucorrhée plus ou moins abondante, louche et purulente ; l'adéno-lymphite douloureuse avec péri-adénite ou adéno-pelvi-péritonite, vous adresserez vos malades aux eaux de Bourbon-Lancy, et de préférence aux eaux de Saint-Sauveur, d'Amélie-les-Bains, du Vernet, de Molitg, de la Preste, de Bagnères-de-Bigorre, d'Eaux-Chaudes, de Cauterets, si la leucorrhée est sanguinolente, plus ou moins fétide. Certaines sources de Luchon rendent en pareil cas de réels services.

Par contre, les eaux de Néris, d'Ussat, de Plombières, de Bains, de Luxeuil, seront indiquées si les phénomènes nerveux sont généralisés, fugaces, si les troubles intellectuels sont prononcés, si les troubles menstruels consistent surtout en ménorrhagie. L'adéno-lymphite compliquée de péri-adénite et d'adéno-pelvi-péritonite est surtout favorablement influencée par ces eaux, ainsi que l'a montré Tillot, le savant inspecteur des eaux de Luxeuil.

Les eaux d'Oriol, de Bussang, de Renlaigue, de Montrond, d'Orezza, de Lacaune, d'Andabre, conviendront alors que la chloro-anémie sera très prononcée, que les troubles gastriques ne seront pas douloureux, que la métrite s'accusera par une aménorrhée fonctionnelle, et surtout par une adéno-lymphite non douloureuse, non compliquée de péri-adénite ou de pelvi-péritonite.

En vous donnant ces indications du traitement hydro-minéral de la métrite suivant ses modalités anatomiques et cliniques, je n'ai pas eu la prétention de vous les énumérer toutes et surtout de citer toutes les stations minérales françaises qui sont applicables à ce traitement. J'ai tenu seulement à indiquer le procédé que le médecin devait employer en présence d'une métrite, j'ai à poser les jalons qui doivent le guider dans son choix d'une eau minérale.

Je vous renvoie à mon *Traité clinique des affections de l'Utérus* pour combler les lacunes de cette étude.

En m'abstenant de nommer les eaux minérales étrangères, j'ai tenu à montrer que la France était riche en eaux minérales, qu'elle suffisait au traitement des diverses modalités de la métrite et qu'elle n'avait rien à envier aux autres nations. Mais si nos sources thermo-minérales sont nombreuses, variées, si elles répondent à toutes les indications que suscite le traitement de la métrite, il ne faut pas méconnaître la richesse des autres pays et l'application de leurs eaux minérales à la thérapeutique de l'inflammation utérine. Tous ou presque tous possèdent des sources appropriées à chaque modalité de la métrite. C'est à nos confrères étrangers à suivre la voie que je leur trace ; j'espère que ceux qui assistent à mes conférences cliniques, seront les premiers à nous faire connaître l'utilité de telle ou telle eau minérale de la Russie, de l'Autriche, de l'Italie, de la Suisse, de l'Allemagne, de l'Amérique, dans l'inflammation utérine, et de ses diverses modalités.

Le traitement général de la métrite traumatique, de la métrite non dyscrasique trouve, ai-je dit, un complément dans l'emploi soit de *l'hydrothérapie,* soit de la *thérapie marine.*

La première médication ne nécessite aucun déplacement à la malade. En général toutes les villes, notamment Paris, possèdent un ou plusieurs établissements où elle est instituée dans les conditions les plus favorables.

La deuxième médication possède, en réalité, une action analogue à la première, à de rares exceptions près. Si elle nécessite le déplacement de la malade, elle a toutefois l'avantage, qui n'est pas à dédaigner, de modifier le moral de la femme, de relever ainsi les fonctions vitales, d'activer la nutrition, ce qui est difficile parfois d'obtenir avec l'hydrothérapie, et de permettre, l'hiver, la continuation de la médication générale, en prescrivant un séjour de plusieurs mois dans nos stations privilégiées des bords de la Méditerranée : Hyères, Cannes, Nice, La Condamine, Menton.

Avec l'hydrothérapie, le médecin a pour but d'obtenir une action excitante, tonique, résolutive et même sédative. Je ne vous décrirai pas les procédés à l'aide desquels s'obtiennent ces différentes actions ; j'en ai donné la description dans mon traité clinique. Je vous rappellerai seulement que l'hydrothérapie modifie profondément l'innervation, qu'elle la surexcite, la modère ou la régularise, suivant les procédés employés; qu'elle active la circulation générale et locale, et par suite la nutrition. Aussi la résolution, la résorption des exsudats inflammatoires se produisent facilement et rapidement. L'hydrothérapie exerce donc une action pathogénique. Elle agit sur la lésion utérine par l'intermédiaire du système nerveux; elle n'a et ne saurait avoir aucune action spécifique sur la maladie, cause originelle de l'affection. Mais son rôle n'en est pas moins efficace pourvu que les indications en soient nettement posées; car, sans cela elle aurait sur la lésion utérine une action tout aussi néfaste que les autres médications générales.

Avant de prescrire l'hydrothérapie vous devez vous assurer que la circulation utérine a repris son cours, que l'assimilation et la désassimilation s'exécutent normalement, que l'inflammation est en voie de régression. Les médecins négligent trop ces indications; aussi je vois tous les jours de graves accidents survenir après quelques jours seulement de douches générales, froides ou chaudes, et à plus forte raison si les douches sont locales. Alors que je n'avais pas encore acquis l'expérience que donne la clinique, je prescrivais, ainsi que tous les gynécologues, l'hydrothérapie sans indication précise et bien des fois j'ai eu à constater une recrudescence de l'inflammation utérine, des lésions, des symptômes et des accidents péritonéaux que je considérais comme une péri-métrite. Depuis que je recherche avec soin les indications de la thérapeutique utérine, soit locale, soit générale, pareille mésaventure ne m'est pas arrivée. C'est pourquoi je me permets d'insister autant sur ces préceptes généraux qui dominent toute la thérapeutique de l'inflammation utérine.

Ceci posé, dès que l'état aigu se sera dissipé, que le toucher indiquera la transformation granulo-graisseuse subie par les éléments lymphoïdes, le retour à l'état normal de la circulation utérine, l'intégrité de la contractilité utérine et vasculaire, le médecin prescrira l'hydrothérapie en laissant au médecin spécial, au médecin chargé de diriger le traitement hydrothérapique, le soin de choisir le ou les procédés qui lui paraissent répondre le mieux aux modalités cliniques de l'affection utérine qui seront relatées avec soin par le médecin consultant ou le médecin traitant. Vous ne devez, Messieurs, en aucun cas, qu'il s'agisse du traitement thermo-minéral, de l'hydrothérapie ou de la thérapie marine, formuler la technique du procédé destiné à obtenir le résultat désiré. C'est au médecin hydrologue ou hydropathe qu'incombe cette responsabilité, après toutefois, je le répète, l'avoir renseigné sur la modalité de l'affection, le tempérament de la malade.

L'hydrothérapie, Messieurs, sera prescrite toutes les fois que la métrite chronique sera torpide; le corps utérin volumineux, dur, sclérosé; l'adéno-lymphite à l'état de ganglions nombreux, volumineux ou compliquée de péri-adénite, de pelvi-péritonite adhésive; l'ulcération du col blafarde, à cicatrisation lente; la menstruation irrégulière dans l'apparition, la quantité, douloureuse ou non; la leucorrhée plus ou moins purulente, plus ou moins abondante; les phénomènes sympathiques très accusés: tels que nutrition languissante, forces affaiblies, débilitation extrême, tissus décolorés, anémiés, appétit diminué, troubles gastro-intestinaux avec digestion lente, pénible, parfois douloureuse, constipation alternant souvent avec diarrhée, tympanisme, troubles nerveux exagérés.

Tous les médecins, Messieurs, n'acceptent pas sans conteste le traitement de la métrite par l'hydrothérapie. Virchow, Scanzoni, Brachet (d'Aix) ont vu des accidents, des inflammations aiguës, des recrudescences de l'inflammation utérine survenir par le fait de cette médication. Moi-même, vous ai-je dit, j'ai observé à plusieurs reprises des accidents graves, des péri-adénites suppurées, des adéno-pelvi-péritonites suppurées à la suite de l'hydrothérapie conseillée par plusieurs de mes confrères. Ces rechutes, ces accidents, ne prouvent pas que l'hydrothérapie soit une mauvaise médication de la métrite chronique ; ils prouvent que l'hydrothérapie a été prescrite alors que l'indication n'était pas précise, les fonctions utérines n'étant pas rétablies par un traitement local approprié. Dans ces conditions, sous l'influence de l'eau froide, l'état congestionné de l'utérus augmentant, les lésions utérines et péri-utérines ne peuvent que s'accroître, les accidents les plus sérieux se développer. Vous retrouvez ici les mêmes indications sur lesquelles j'ai insisté à diverses reprises tant pour le traitement hydro-minéral que pour le traitement hydrothérapique. Il ne faut donc pas dire avec les auteurs précédents : l'hydrothérapie est une mauvaise médication générale de la métrite chronique ; il faut dire, au contraire : l'hydrothérapie est une excellente médication ; elle nécessite seulement des indications nettes et précises. Ce reproche adressé à l'hydrothérapie pourrait s'appliquer tout aussi bien à la médication thermo-minérale, puisque, ai-je dit, des accidents sérieux en sont parfois la conséquence ; mais vous savez qu'il serait immérité, vous ayant montré qu'en se basant sur des indications formelles cette médication est des plus utiles pour guérir la métrite chronique, dyscrasique ou non.

La thérapeuthique générale de la métrite par les *bains de mer* tient le milieu entre la médication thermo-minérale et la médication hydrothérapique. En effet, si on prescrit les bains de mer froids de courte durée, les bains à la lame, on agit comme avec l'hydrothérapie. Si, au contraire, on prescrit les bains de mer chauds, et surtout si on conseille l'usage interne de l'eau de mer, on recherche l'action stimulante, reconstituante, des eaux chlorurées sodiques bromo-iodurées. Sous ce rapport la thérapie marine est supérieure à l'hydrothérapie, puisqu'elle permet au médecin d'obtenir une action pathogénique et une action spécifique dans le traitement de la métrite dycrasique, de la métrite scrofuleuse par exemple. En outre, elle permet l'hiver en envoyant les malades sur les plages méditerranéennes, de continuer la médication générale commencée aux eaux thermales chlorurées-sodiques, aux eaux sulfureuses. Cette médication, enfin, est puissamment aidée par l'inspiration de l'air qui, sur les bords de la mer, contient une certaine quantité de chlorure de sodium. Cette absorption par la muqueuse bronchique est prouvée par les analyses de M. Lefort qui a trouvé dans les urines des personnes, vivant sur le bord de la mer, une plus grande quantité de chlorure de sodium.

La thérapie marine, ainsi que les médications précédentes, repose sur des indications nettes et précises. Je dis de suite que la métrite arthritique, la métrite herpétique ne sont pas justiciables de cette médication. La métrite scrofuleuse, la métrite non dyscrasique, sont seules influencées favorablement par la thérapie marine. La métrite chlorotique, surtout si la malade est débile, si les fonctions nutritives sont languissantes, sera de même influencée favorablement par cette thérapie. Pour cette métrite dyscrasique le séjour d'une grande ville est pernicieux ; les lésions restent stationnaires ; la résolution de l'inflammation ne fait aucun progrès.

9

La métrite aiguë, la métrite irritable ne sont pas justiciables de la thérapie marine ; seule la métrite torpide relève de cette médication. Aussi la prescrirez-vous, alors que la métrite chronique présentera, comme modalité, une augmentation du volume du corps et du col, une leucorrhée plus ou moins abondante, plus ou moins purulente, une ulcération phagédénique du col, une adéno-lymphite péri-utérine caractérisée par des ganglions volumineux, multiples, entourés de péri-adénite suppurée ou non, de pelvi-péritonite. Vous la prescrirez alors qu'il existe une hyposthénie très accusée, une grande faiblesse organique, une nutrition vicieuse. Vous la prescrirez enfin si la métrite n'offre aucune tendance aux congestions, aux hémorrhagies.

Le choix de la station maritime se base comme celui de la station thermale, sur la modalité de l'inflammation utérine, sur les phénomènes sympathiques, sur la constitution et le tempérament de la malade.

Ainsi, si la métrite chronique torpide existe chez une femme à constitution robuste, si la leucorrhée est intense, l'adéno-lymphite constituée par des ganglions volumineux ou par une péri-adénite, vous prescrirez, pendant l'été, les plages de la Manche ou celles du sud-ouest, telles que pour celles-ci : Biarritz, Saint-Jean-de-Luz, Arcachon. Ces dernières seront plutôt choisies pendant les mois de septembre et d'octobre, à cause de la trop grande chaleur des mois d'août et de septembre. Les plages du midi de la France, les plages méditerranéennes, telles que Hyères, Saint-Raphaël, Cannes, Nice, Roquebrune, Menton, seront prescrites de préférence l'hiver aux femmes délicates, affaiblies, névropathes ; aux femmes dont la nutrition est paresseuse.

La thérapeutique de la métrite comporte, ai-je dit, le *traitement pathogénique*. Il ne suffit pas, en effet, de traiter l'inflammation utérine et les modalités cliniques qui en découlent, de traiter la maladie dyscrasique d'où elle est souvent l'émanation ; il faut aussi traiter la cause qui la produit, qui facilite les récidives, qui entrave l'évolution, qui entretient l'état chronique.

Le traitement pathogénique comprend deux indications primordiales : premièrement traiter la cause réelle de l'inflammation utérine ; deuxièmement prévenir les causes susceptibles de provoquer l'éclosion d'une maladie dyscrasique, de produire une aggravation, de retarder la guérison de la métrite. Cette deuxième indication englobe surtout les moyens hygiéniques que doivent suivre les femmes atteintes de métrite ; elle s'adresse à l'hygiène générale de la femme.

Le traitement pathogénique de la métrite est tout aussi important que les deux premiers. Il doit être pour le médecin l'objet constant de ses préoccupations.

Pour remplir la première indication, le gynécologue, après avoir établi la cause première de l'inflammation utérine, après avoir reconnu que cette cause réside dans un micro-organisme, métrite puerpérale, métrite blennorrhagique, métrite tuberculeuse, s'applique à détruire le micro-organisme.

Pour la métrite puerpérale, tout en constituant le traitement de l'inflammation utérine, il fait faire des lavages avec les solutions de sublimé à 1 pour 2000, les solutions de sulfate de cuivre à 1 pour 200 à 500. Suivant la lésion de la muqueuse, il pratique la cautérisation de la cavité utérine avec le porte-caustique chargé de nitrate d'argent.

Quant à la métrite blennorrhagique dont la rareté, vous le savez, est grande, il détruit le gonococcus qui se loge soit dans les follicules utérins du col, soit dans les follicules de la muqueuse utérine, au moyen du galvano-cautère dans le premier cas, au moyen du nitrate d'argent dans le deuxième cas.

Relativement à la destruction du micro-organisme de la métrite tuberculeuse, qui n'est autre que le bacille de Koch, nous ne possédons actuellement aucun agent ayant une réelle efficacité. Toutefois, vous pouvez recourir aux solutions de sublimé à 1 pour 1000 ou 2000 en irrigations vaginales, en badigeonnages de la muqueuse utérine. Cet agent est préférable aux cautérisations soit avec le nitrate d'argent, soit avec le galvano-cautère.

Vous connaissez, d'après ce que j'en ai dit, les causes traumatiques, les causes prédisposantes locales qui produisent par leur action directe l'inflammation utérine, favorisent son développement, alors que la métrite est dyscrasique, aggravent et prolongent son évolution. Je n'insiste pas.

Le traitement pathogénique peut se résumer dans les deux préceptes suivants : 1° éviter toutes les causes prédisposantes locales qui peuvent déterminer sur l'utérus une manifestation de la maladie dyscrasique ; 2° éviter les causes qui peuvent entraver l'évolution de la métrite dyscrasique ou non.

C'est ainsi que le gynécologue surveillera attentivement les fonctions physiologiques de l'utérus. Il veillera notamment à l'accomplissement régulier de la menstruation ; il favorisera ou modérera l'écoulement sanguin selon son abondance ; il conseillera à la malade d'éviter toutes les causes qui troublent l'accomplissement de cette fonction, telle que fatigues corporelles, impressions morales vives, refroidissements ; il proscrira tous les exercices capables d'imprimer des mouvements brusques à l'utérus, tels que les courses prolongées, l'équitation, la danse. A ce propos, je dois vous dire qu'avec le tamponnement de l'utérus, tel que vous me le voyez pratiquer à l'aide de la ouate imbibée de glycérine, il n'est nul besoin de faire garder à la malade un repos complet, le décubitus dorsal, ainsi qu'on le faisait et qu'on le fait encore. Je prescris au contraire un exercice modéré, des promenades à pied. L'utérus est tellement maintenu qu'il ne subit aucun ballottement, aucun déplacement ; les malades n'éprouvent aucune souffrance ; la marche est facile. Cet exercice journalier est excellent ; car, outre qu'il modifie le moral de la malade, il active les fonctions digestives, rétablit la nutrition générale, favorise la résolution, la résorption des produits inflammatoires.

Le médecin proscrira les injections vaginales, les douches vaginales qui, pratiquées au moyen d'un injecteur et d'une canule en caoutchouc, produisent une exacerbation de l'inflammation utérine, sont la cause de nombreuses rechutes et prolongent l'évolution de cette affection. Pendant la durée de la métrite, comme en dehors d'elle, du reste, la femme doit procéder à sa toilette intime en pratiquant des irrigations vaginales avec un irrigateur ordinaire dont le robinet est à peine ouvert, de manière à ne pas avoir un jet et dont la petite canule en ivoire est seule introduite. Pour procéder à cette opération, elle se place dans le décubitus dorsal.

Les rapports sexuels doivent-ils être défendus? Vous connaissez la métrite balistique, la contusion utérine due au membre viril. Il semble donc que la réponse à cette question soit facile et que la prohibition des rapports sexuels s'ensuive.

Cependant, si les gynécologues s'accordent pour défendre les rapports sexuels pendant l'évolution aiguë de la métrite, pendant les exacerbations aiguës de la métrite chronique, ils ont une opinion variable au sujet de ces rapports pendant l'évolution chronique de l'inflammation utérine. Les uns les proscrivent absolument; les autres les permettent.

Quelle doit être, Messieurs, votre conduite?

Lorsque la métrite est à l'état chronique, le tissu utérin dur, sclérosé, anémié; lorsque l'adéno-lymphite n'est pas douloureuse, vous permettrez les rapports sexuels, vous les recommanderez même au besoin; car, sachez-le, la congestion utérine qui en résulte n'a aucun inconvénient; bien plus, elle facilite parfois la nutrition de l'organe, la résorption des produits inflammatoires. En outre, ils n'ont pas les inconvénients graves des attouchements illicites : manuélisation, saphisme, qui, se répétant fréquemment, produisent, ainsi que vous le constatez tous les jours dans mon service, des exacerbations de l'inflammation utérine. J'ajoute que la proscription absolue est illusoire, funeste pour la morale; car elle est toujours éludée, et si elle ne l'est pas, les faits les plus immoraux se produisent. Dans mes leçons sur les *Déformations vulvaires et anales*, vous trouverez plusieurs exemples de sodomie résultant d'une affection utérine, la femme préférant se livrer à cet acte contre nature que de voir son mari chercher ailleurs une satisfaction à ses sens. Sachez, en outre, qu'il est des femmes, à nature ardente, chez lesquelles les désirs sexuels non satisfaits, en entretenant une fluxion, une excitation nerveuse et persistante de l'organe utérin, sont bien plus pernicieux que la contusion résultant du coït.

A tous égards, donc, les rapports sexuels doivent être permis pendant l'évolution de la métrite chronique, en se basant sur les indications que je viens de signaler.

Dans votre pratique vous serez, Messieurs, souvent invités à répondre à la question suivante : Puis-je marier ma fille, atteinte de métrite?

Vous savez, en effet, que les jeunes filles sont atteintes parfois d'une métrite, toujours dyscrasique en pareil cas. Vous savez, en outre, que cette affection, ainsi que l'a montré Noël Gueneau de Mussy, subit presque toujours une recrudescence d'acuité du fait des premiers rapports sexuels; que bien souvent la métrite est considérée comme se développant sous l'influence de la balistique alors qu'il s'agit du réveil, de la recrudescence d'une affection existant depuis un certain nombre d'années; que la stérilité des premières années du mariage et même la stérilité définitive est la conséquence de cette affection ayant débuté avec l'instauration menstruelle, parfois même quelques années avant, la métrite tuberculeuse, par exemple. La réponse ne saurait donc être douteuse ; elle sera négative. En la faisant, vous donnez les raisons qui découlent des quelques propositions que je viens de rappeler ; vous signalez les dangers qui peuvent survenir notamment du côté de l'adéno-lymphite péri-utérine, de ses complications péritonéales, et vous concluez en instituant le traitement de l'inflammation utérine. Vous montrez que ce traitement peut être suivi par la jeune fille sans qu'il en résulte des déformations vulvaires appréciables, et vous assurez qu'après la guérison qui, en pareil cas, ne se fait pas trop attendre, le mariage pourra avoir lieu. C'est la conduite que je tiens toujours, alors que je suis consulté par une mère de famille, et je puis vous assurer que je n'ai jamais eu à m'en repentir. Aussi ne saurai-je trop vous recommander de la suivre en toutes occasions.

La métrite chronique, ai-je dit, est souvent la cause de la stérilité ; pourtant il vous arrivera de voir une grossesse survenir pendant le traitement de l'inflammation utérine. Dans ce cas, votre conduite est toute tracée. Vous cessez immédiatement le traitement local et général ; vous surveillez attentivement l'évolution de la grossesse ; vous évitez toute cause pouvant éveiller ou exciter la contractilité utérine. Après l'accouchement, vous devez porter toute votre attention aux suites de couches ; vous prescrivez les irrigations vaginales et utérines avec les solutions antiseptiques de sublimé, de sulfate de cuivre, d'acide phénique ; vous prescrivez, en outre, le repos au lit pendant un temps assez long, six semaines au moins, afin de permettre à l'involution utérine de s'effectuer complètement et sans arrêt ; au besoin même vous l'accélérez en excitant la contraction utérine au moyen de la poudre d'ergot de seigle, au moyen des courants électriques à travers l'utérus. Vous recommanderez surtout l'allaitement maternel qui, en produisant la fluxion mammaire, la détourne de l'utérus et n'enraye pas le travail de l'involution.

Le traitement pathogénique acquiert une importance considérable dans la métrite dyscrasique, dans la métrite constitutionnelle ou diathésique. Il a pour but, en effet, non seulement de faciliter l'action des deux autres, mais encore de prévenir les rechutes, les recrudescences de l'affection. Il varie suivant la nature scrofuleuse, arthritique, herpétique de la métrite.

Ainsi, la malade est-elle scrofuleuse, lymphatique ? le médecin prescrit un changement d'air ou de climat, le séjour à la campagne, sur les bords de la mer, une nourriture fortifiante, un exercice modéré ; il s'applique, en un mot, à éloigner autant que possible toutes les causes débilitantes.

La malade est-elle arthritique ? le médecin conseille d'éviter l'action du froid, surtout celle du froid humide ; à cet effet, il prescrit l'usage de pantalons de flanelle, d'une ceinture de flanelle. Je me suis toujours bien trouvé de conseiller l'usage d'une ceinture en toile de caoutchouc fine recouvrant tout l'abdomen ; le caoutchouc étant appliqué directement sur la peau. Cette ceinture, je le dis en passant, est surtout très utile chez les personnes dont les intestins sont très influencés par le froid ; chez celles qui sont atteintes de diarrhée catarrhale dès qu'elles ressentent une impression même légère de froid. A l'aide de ce petit moyen, j'ai rendu de grands services à des officiers, à des soldats résidant dans les pays chauds, couchant sous la tente ou revenus en France avec une diarrhée incoercible, très difficile à modifier par les médications ordinaires.

Vous recommanderez, en outre, à ces malades, atteintes d'une métrite arthritique, de s'abstenir, dans leur nourriture, de poissons de mer, de salaisons, de boissons excitantes.

A la femme, atteinte d'une métrite herpétique, vous recommanderez d'éviter autant que possible les émotions morales vives, les chagrins; de suivre un régime doux, non excitant.

Lorsque la femme est atteinte d'une métrite chlorotique, vous prescrivez un exercice modéré, un séjour à la campagne, sur les bords de la mer.

Telles sont, Messieurs, les lignes principales que vous suivrez dans le traitement pathogénique de la métrite. Je n'ai pu que vous en donner une indication succincte. Vous en trouverez le complément dans mon *Traité clinique des affections utérines.*

Arrivé au terme de cette étude sur la thérapeutique de l'inflammation utérine, j'espère, Messieurs, avoir montré que le traitement de la métrite n'est pas un, ainsi que le disaient les anciens gynécologues et le disent encore quelques-uns d'entre nous. J'espère avoir montré que ce traitement ne repose pas seulement sur une lésion, et qu'il ne suffit pas de guérir cette lésion pour déclarer que l'inflammation utérine dont elle est une émanation est guérie. J'espère que vous partagez tous ma conviction sur la curabilité de la métrite, que vous reconnaissez que celle-ci n'est possible qu'à la condition pour le gynécologue de traiter la maladie générale, la maladie dyscrasique, constitutionnelle ou diathésique, dont dépend l'inflammation utérine, de traiter cette inflammation et les modalités cliniques si variables sous lesquelles elle se révèle, de traiter enfin la cause qui l'a produit ou la suscite. Vous l'avez vu, de nombreuses médications générales et locales, de nombreux moyens préventifs sont nécessaires pour mener à bien la guérison de la métrite. Non seulement la matière médicale, la thérapie minérale, la thérapie marine, l'hydrothérapie vous fournissent tous les éléments de cette guérison, mais encore l'hygiène y contribue pour une large part. C'est à ne négliger aucune de ces médications que vous devez vous appliquer. En procédant ainsi vous donnez à la thérapeutique de la métrite des bases physiologiques nettes et précises. Vous assurez son progrès et vous placez la gynécologie française bien au-dessus de la gynécologie étrangère qui est restée et reste dans la localisation anatomique ou symptomatique.

Si, par ces leçons, j'ai pu vous convaincre de cette vérité, vous initier à l'étude d'une branche de la pathologie trop délaissée dans nos écoles, vous montrer le rôle important de la gynécologie, je m'estimerai très heureux du résultat obtenu. En tout cas je ne puis terminer sans vous remercier de votre assiduité et de votre bienveillante attention.

Paris. — Imp. A. Lanier, 14, rue Séguier.

TABLE DES MATIÈRES

www.ingramcontent.com/pod-product-compliance
Ingram Content Group UK Ltd.
Pitfield, Milton Keynes, MK11 3LW, UK
UKHW022309070726
13614UKWH00002B/632